IVETTE Y DUFF

/BILINGÜE

MY FRIENDS AND I

MIS AMIGOS Y YO

SERIE PREADOLESCENTES

e625 - 2025
Dallas, Texas

Todas las citas bíblicas son de la NTV (Nueva Traducción Viviente)
a menos que se indique lo contrario.

Editado por: **María José Hooft**
Traducido al inglés por: **Sophia Leys**
Diseño interior y portada: **Bárbara Soriano**
Ilustración: **Edimundo Balzan Paz**

ISBN 978-1-954149-88-5

IMPRESO EN ESTADOS UNIDOS

CON TODO NUESTRO CORAZÓN,
DEDICAMOS ESTE LIBRO
A NUESTROS AMIGOS,

QUIENES HAN CAMINADO CON NOSOTROS
EN LAS PRUEBAS Y EN LAS ALEGRÍAS,

EN RISAS, LÁGRIMAS Y TODO
LO QUE HAY EN MEDIO.

GRACIAS POR AYUDARNOS A CRECER,

Y SER UN REFLEJO DEL AMOR
DE DIOS EN CADA PASO.

SON NUESTRA INSPIRACIÓN CONSTANTE.

SOMOS, SIN DUDA, SUS MAYORES
ADMIRADORES.

WITH ALL OUR HEART, WE DEDICATE
THIS BOOK TO OUR FRIENDS,

WHO HAVE WALKED WITH US
IN TRIALS AND IN JOYS,

IN LAUGHTER, TEARS,
AND EVERYTHING IN BETWEEN.

THANK YOU FOR HELPING US GROW,

AND FOR BEING A REFLECTION
OF GOD'S LOVE AT EVERY STEP.

YOU ARE OUR CONSTANT INSPIRATION.

WE ARE, WITHOUT A DOUBT, YOUR
GREATEST ADMIRERS.

INDEX

CONTENIDO

PART I: THE SCIENCE OF FRIENDSHIP

PARTE I: LA CIENCIA DE LA AMISTAD

BECAUSE FRIENDSHIP IS NOT ONLY PART OF LIFE... IT CAN BE THE PATH THAT LEADS YOU TO DISCOVER A GREATER PURPOSE.

LA AMISTAD NO SOLO ES PARTE DE LA VIDA... PUEDE SER EL CAMINO QUE TE LLEVE A DESCUBRIR UN PROPÓSITO MÁS GRANDE.

CHAPTER 1

WHAT IS A FRIEND?

ZACK AND THE IMPOSSIBLE LIST

It's my first day of classes in middle school. My mom is more intense than usual, chasing me all over the house making sure I eat my cereal, brush my teeth, and that my backpack is organized... Anyway, she still doesn't understand that I'm not a baby anymore. I've waited for this all my life (well, at least since I was in 5th grade). My brother Jonah will be starting preschool and Mom won't be able to take me to school anymore, so I'll be taking the bus with most of the cool kids, you know, the ones whose parents don't bother them anymore... I just have to manage to leave without Mom trying to suffocate me with a hug.

It's time! The bus arrived, I grab my backpack and run for my life. It feels good to finally leave the house without having to hold Jonah's hand, who for some reason is always sticky and smells like rotten cheese. I say goodbye with a shout, Dad throws me my lunchbox in a spectacular pass, and I'm off.

I've heard a lot about middle school, they told me that "Miss Jenny"—who teaches English—once came back crying and couldn't stop saying that place was "the jungle." I can't wait! The only thing I'm worried about is that my friends won't be in the same classroom as me... at least I hope to see them between classes so we can have some fun.

CAPÍTULO 1

¿QUÉ ES UN AMIGO?

ZACK Y LA LISTA IMPOSIBLE

Es mi primer día de clases en secundaria. Mi mamá está más intensa de lo normal, me persigue por toda la casa vigilando que coma mi cereal, que cepille mis dientes, que mi mochila esté ordenada... En fin, aún no entiende que ya no soy un bebé. Toda mi vida he esperado por esto (bueno, al menos desde que estaba en 5to grado). Mi hermano Jonah entrará a preescolar y mamá ya no podrá llevarme a la escuela, así que tomaré el bus junto a la mayoría de los chicos *cool*, ya sabes, a quienes sus padres ya no los molestan... Solo tengo que lograr salir sin que mamá intente asfixiarme con un abrazo.

¡Es momento! El bus llegó, tomo mi mochila y corro por mi vida. Se siente bien por fin salir de casa sin tener que tomar de la mano a Jonah, que por alguna razón siempre está pegajoso y huele a queso rancio. Me despido con un grito, papá me lanza la lonchera en un pase espectacular y me marcho.

He oido mucho sobre la secundaria, me contaron que la "Miss Jenny" –que da clases de inglés– una vez regresó llorando y no paraba de decir que ese lugar era "la selva". ¡No puedo esperar! Lo único que me preocupa es que mis amigos no estarán en el mismo salón que yo... al menos espero poder verlos entre clases para divertirnos un poco.

El trayecto en bus se hizo corto. Me sentí un poco nervioso pero emocionado, y mi primera impresión al llegar fue: pasillos

The bus ride felt short. I was a little nervous but excited, and my first impression upon arriving was: hallways way too big, a bunch of unfamiliar faces, and the teachers here seem more like army captains. Everything is confusing, but I know there's something more urgent right now: finding someone to sit with at recess. I don't want to be the weird kid who sits alone.

Classes turned out to be too boring, maybe because I don't know anyone yet to laugh or joke with, so I grabbed my sketchbook to pass the time and—oh surprise!—I had completely forgotten about "The List." Finally, my parents will let me invite whoever I want to my birthday party!

None of those huge celebrations with tons of adults, inflatable games, and kids I barely know. This time they'll take me to Pizzeta, my favorite place. I'll be able to play video games and have fun with my friends; I just have to make my own guest list, the first one in my whole life.

So there I was, in the middle of the classroom, with a blank sheet that said "GUESTS." Name number one: nobody. I sighed, Where are my lifelong friends? Wait a second... Who really are my friends?

The list seemed like an easy task, but now I see it's not. I have a couple of months to complete this mission that I will call "Operation Recruitment."

demasiado grandes, un montón de caras desconocidas y los maestros aquí parecen más capitanes de un ejército. Todo es confuso, pero sé que hay algo más urgente ahora: encontrar con quién sentarme a la hora del descanso. No quiero ser el raro que se sienta solo.

Las clases me resultaron demasiado aburridas, quizás porque aún no conozco a nadie con quien pueda reí o hacer bromas, así que agarré mi libreta de dibujo para pasar el tiempo y ¡oh sorpresa! Había olvidado por completo "La lista". ¡Por fin mis padres me dejarán invitar a quien yo quiera a mi fiesta de cumpleaños!

Nada de esas enormes celebraciones con montones de adultos, juegos inflables y niños que apenas conozco. En esta ocasión me llevarán a Pizzeta, mi lugar favorito. Podré jugar videojuegos y pasarla bien con mis amigos; solo tengo que hacer mi propia lista de invitados, la primera en toda mi vida.

Así que ahí estaba yo, en medio del salón de clases, con una hoja en blanco que decía 'INVITADOS. Nombre número uno: nadie. Suspiré *¿Dónde están mis amigos de siempre?* Espera un momento... ¿Quiénes son realmente mis amigos?

La lista parecía una tarea fácil de realizar, pero ahora veo que no es así. Tengo un par de meses para completar esta misión a la que llamaré "Operación reclutamiento".

INTRO
A FRIEND IS NOT JUST ANYONE

What if I told you that the friendships you choose could change your life more than you imagine?

As we grow, friendships begin to change. It's no longer just about playing at recess or sharing stickers and memes. Little by little, we begin to see more clearly what kind of people surround us, what we value in someone, what attitudes make us feel good... or not so good.

FORMING A TRUE FRIENDSHIP IS NOT A MATTER OF LUCK

This is where everything gets more interesting (and sometimes, more complicated), because forming a true friendship is not a matter of luck, even though it may sometimes seem that way. It's not just about someone liking you or having the same interests. Real friendships are built with intention, with time... and yes, also by overcoming mistakes and missteps.

Some say that when they met their best friend, it felt like everything had fallen into place without planning it. But there are also those who feel that they still haven't had that luck of finding their ideal person, that friend with whom everything just flows.

The good news is that you don't need to have everything figured out to start living amazing friendships. You just need to be willing to learn, grow, and surround yourself with people who help you bring out the best version of yourself.

In this book we will embark on the exciting adventure of learning how to create genuine friendships, the kind that lift you up when you're discouraged, that inspire you to be better, and

INTRO
AMIGO NO ES CUALQUIERA

¿Qué pasaría si te dijera que las amistades que eliges pueden cambiar tu vida más de lo que imaginas?

A medida que crecemos, las amistades empiezan a cambiar. Ya no se trata solo de jugar en el recreo o compartir stickers y memes. Poco a poco empezamos a ver con más claridad qué tipo de personas nos rodean, qué valoramos en alguien, qué actitudes nos hacen sentir bien... o no tan bien.

FORMAR UNA VERDADERA AMISTAD NO ES CUESTIÓN DE SUERTE.

Es aquí donde todo se pone más interesante (y a veces, más complicado), porque formar una verdadera amistad no es cuestión de suerte, aunque a veces lo parezca. No se trata solo de solo *caerle bien a alguien* o tener los mismos gustos. Las amistades reales se construyen con intención, con tiempo... y sí, también superando las equivocaciones y desaciertos.

Algunos dicen que cuando conocieron a su mejor amigo, fue como si cada cosa hubiera encajado en su lugar sin planearlo. Pero también están los que sienten que todavía no han tenido *esa suerte* de encontrar a su persona ideal, ese amigo o amiga con quien todo fluye.

La buena noticia es que no necesitas tenerlo todo resuelto para empezar a vivir amistades increíbles. Solo precisas estar dispuesto a aprender, crecer y rodearte de personas que te ayuden a sacar tu mejor versión.

En este libro nos embarcaremos en la emocionante aventura de aprender a crear amistades genuinas, de esas que

BECAUSE FRIENDSHIP IS NOT ONLY PART OF LIFE... IT CAN BE THE PATH THAT LEADS YOU TO DISCOVER A GREATER PURPOSE.

that accompany you as you grow, dream, and discover who you are. We will also explore what healthy friendship looks like and how to set boundaries or walk away from a relationship that harms you.

Because friendship is not only part of life... it can be the path that leads you to discover a greater purpose.

WHAT DOES IT REALLY MEAN TO BE FRIENDS?

Did you know that the word 'friend' comes from a very old idea that means "the one who loves"? Yes! Because true friends really love and care for each other a lot.

A friend is that person who is with you in good times, but also in difficult days and listens to you, encourages you with much affection, and sometimes tells you the truths you need to hear to improve.

Being a friend is more than getting along or sharing the same interests: it is choosing to truly care for the other, with respect, loyalty, and affection. That's how worthwhile friendships are born, and nothing is worth as much as a good friend.

Sometimes we think that all the people at our school, in a club, or at church are our friends, and it's okay to get along with everyone (being friendly is always something positive),

te levantan cuando estás desanimado, que te inspiran a ser mejor y que te acompañan mientras creces, sueñas y descubres quién eres. También vamos a explorar cómo se ve una amistad sana y cómo poner límites o alejarte de una relación que te hace daño.

LA AMISTAD NO SOLO ES PARTE DE LA VIDA... PUEDE SER EL CAMINO QUE TE LLEVE A DESCUBRIR UN PROPÓSITO MÁS GRANDE.

Porque la amistad no solo es parte de la vida... puede ser el camino que te lleve a descubrir un propósito más grande.

¿QUÉ SIGNIFICA REALMENTE SER AMIGOS?

¿Sabías que la palabra 'amigo' viene de una idea muy antigua que significa "el que ama"? ¡Sí! Porque los amigos de verdad se quieren y se cuidan mucho.

Un amigo es esa persona que está contigo en los buenos momentos, pero también en los días difíciles y te escucha, te anima con mucho cariño y, a veces, te dice las verdades que necesitas oír para mejorar.

Ser amigo es más que llevarse bien o compartir los mismos gustos: es elegir querer bien al otro, con respeto, lealtad y cariño. Así nacen las amistades que valen la pena y nada vale tanto como un buen amigo.

A veces pensamos que todas las personas en nuestra escuela, en un club o en la iglesia son nuestros amigos, y está bien llevarse bien con todos (ser amigable siempre es algo

NOTHING IS WORTH AS MUCH AS A GOOD FRIEND

but calling someone friend implies a relationship that goes much further.

Being a true friend speaks of a deeper connection, one that requires trust and being there for each other, not just sharing the same physical space or greeting each other with good vibes.

CALLING SOMEONE A FRIEND GOES BEYOND JUST SHARING THE SAME PLACE OR SAYING HI ONCE IN A WHILE.

LEVELS OF CLOSENESS

Not all relationships are the same, and that's okay. Some are more superficial and temporary, while others become super meaningful and make a difference in our lives.

In daily life, we don't treat everyone the same. There are different levels of closeness with people, and knowing how to name those levels takes care of your heart since it prevents you from getting frustrated when something doesn't turn out how you thought, and it teaches you to set boundaries without carrying guilt. Understanding this helps us see how far a true friendship can go.

To better understand this, let's look at the different levels of relationship that we usually experience:

1. ACQUAINTANCE

We all have people who fall into the category of acquaintances. It could be a neighbor, the man at the store where you buy chips, or someone you know just because you happened

positivo), pero llamar a alguien *amigo* implica una relación que va mucho más allá.

NADA VALE TANTO COMO UN BUEN AMIGO.

Ser amigo de verdad habla de una conexión más profunda, que requiere de confianza y de estar ahí el uno para el otro, no solo compartir el mismo espacio físico o saludarse con buena onda.

LLAMAR A ALGUIEN AMIGO VA MAS ALLÁ DE DE SOLO COMPARTIR EL MISMO LUGAR O SALUDARSE DE VEZ EN CUANDO.

NIVELES DE CERCANÍA

No todas las relaciones son iguales, y eso está bien. Algunas son más superficiales y pasajeras, mientras que otras llegan a ser súper significativas y marcan una diferencia en nuestra vida.

En la vida diaria, no tratamos a todos por igual. Hay diferentes niveles de cercanía con las personas, y saber ponerle nombre a esos niveles te cuida el corazón ya que evita que te frustres cuando algo no se da como pensabas, y te enseña a poner límites sin cargar con culpa. Entender eso nos ayuda a ver hasta dónde puede llegar una amistad verdadera.

Para comprender mejor esto, veamos a continuación los distintos niveles de relación que solemos experimentar:

1. CONOCIDO

Todos tenemos personas que entran en la categoría de *conocidos*. Puede ser algún vecino, el señor de la tienda donde compras papitas, o alguien que conoces solo porque

to meet in some place. Maybe you know their name, but the relationship doesn't go beyond a "hi" and "bye." There isn't much closeness, and that's normal... they are acquaintances, not close friends.

2. COMPANION

A closer level is companions, who are the people with whom you share a space or an activity, for example your schoolmates, a sports team, or a certain art club. You might see them every day and spend quite a bit of time with them, but it doesn't necessarily mean you have a very intimate relationship. You only have in common a place or an activity without a strong emotional connection.

3. FRIEND

Lastly, the most intimate level of interpersonal relationships is that of friends. A friend is not just someone you greet because you know them or someone with whom you share time or places, but someone with whom there exists deep trust, honesty, and mutual support.

True friends are people with whom you can be yourself without fear of being judged, and with whom you share secrets, dreams, even your fears, doubts, and problems.

Unlike acquaintances or companions, true friendship implies a strong emotional connection that is built with time, care, and respect.

That's why having authentic friends is something valuable and special, because they really make a difference in our lives.

FRIENDSHIP IS THE DEEPEST LEVEL IN HUMAN RELATIONSHIPS BECAUSE IT DEMONSTRATES UNCONDITIONAL LOVE.

coincidieron en algún lugar. Tal vez sabes su nombre, pero la relación no pasa de un 'hola' y 'adiós'. No hay mucha cercanía, y eso es normal... son conocidos, no amigos cercanos.

2. COMPAÑERO

Un nivel más cercano son los *compañeros*, que son las personas con las que compartes un espacio o una actividad, por ejemplo tus compañeros de escuela, de algún equipo deportivo o cierto club de arte. Puede que los veas todos los días y que convivas bastante tiempo con ellos, pero no necesariamente significa que tienes una relación muy íntima. Solo tienen en común un lugar o una actividad sin una conexión emocional fuerte.

3. AMIGO

Por último, el nivel mas íntimo de las relaciones interpersonales es el de los *amigos*. Un amigo, no es solo alguien a quien saludas por que conoces o con quien compartes tiempo o lugares, sino alguien con quien existe una confianza profunda, honestidad y apoyo mutuo.

Los amigos verdaderos son las personas con las que puedes ser tú mismo sin miedo a ser juzgado, y con quienes compartes secretos, sueños, hasta tus miedos, dudas y problemas.

A diferencia de los conocidos o compañeros, la amistad verdadera implica una conexión emocional fuerte que se construye con tiempo, cuidado y respeto.

Por eso, tener amigos auténticos es algo valioso y especial, porque ellos realmente hacen la diferencia en nuestra vida.

LA AMISTAD ES EL NIVEL MÁS PROFUNDO EN LAS RELACIONES HUMANAS PORQUE DEMUESTRA UN AMOR INCONDICIONAL.

ESSENTIAL MARKS OF FRIENDSHIP

Since friendship is one of the deepest relationships we can have, we should take the time to define those key aspects that make up a good friend, and that's exactly what this journey is about.

A long time ago, a very wise person wrote a book called Proverbs, in which he gathered short but powerful sayings, full of practical advice to make good decisions about how to find, choose, and treat friends well.

Here we are going to see many of those wise sayings that show us the qualities of what represents a true friend. The first of those sayings says:

"A FRIEND LOVES AT ALL TIMES, AND A BROTHER IS BORN FOR A TIME OF ADVERSITY."
— PROVERBS 17:17 NIV

The first quality we must notice is that a true friend always loves, and it's not just a nice expression or a poem. It's the promise of someone who will be with you no matter what, even when life gets hard.

That kind of loyalty is the strength that sustains true friendships when everything else falls away.

And when the proverb describes the love of a friend, it's not referring to a passing affection, but to a kind of love that doesn't place conditions or requirements. A true friend loves you as you are, with your virtues and strengths, but also with your flaws, mistakes, and everything that makes you a unique person.

This kind of love is the core of real friendship and is also a reflection of the kind of love we were created to live in and to connect with others.

MARCAS ESENCIALES DE LA AMISTAD

Ya que la amistad es una de las relaciones más profundas que podemos tener, debemos tomarnos el tiempo para definir esos aspectos clave que componen a un buen amigo y justo de eso va este recorrido.

Hace mucho tiempo, una persona muy sabia escribió un libro llamado Proverbios, en el que recopiló frases cortitas pero poderosas, llenas de consejos prácticos para tomar buenas decisiones sobre cómo conseguir, elegir y tratar bien a los amigos.

Aquí vamos a ver muchas de esas frases sabias que nos muestran las cualidades de lo que representa un verdadero amigo, la primera de esas frases dice:

EL VERDADERO AMIGO SIEMPRE AMA, Y EN TIEMPOS DE NECESIDAD ES COMO UN HERMANO.
—PROVERBIOS 17:17 NBV

La primera cualidad que debemos notar es que un verdadero amigo *siempre* ama, y no es solo una bella expresión o un poema. Es la promesa de alguien que estará contigo pase lo que pase, incluso cuando la vida se ponga difícil.

Ese tipo de *lealtad* es la fuerza que sostiene a las verdaderas amistades cuando todo lo demás desaparece.

Y cuando el proverbio describe el *amor* de un amigo, no se refiere a un cariño pasajero, sino a una clase de afecto que no pone condiciones ni requisitos. Un verdadero amigo te ama tal cual eres, con tus virtudes y fortalezas, pero también con tus defectos, errores y todo lo que te hace una persona única.

Finally, I don't know if you have brothers or sisters, but the writer of Proverbs compares true friendship with one of the strongest biological bonds life can give us: that of siblings, since it is such an intense bond and practically impossible to dissolve.

A true friend can go beyond biological union, because it's about a choice and a commitment to always be present, and this is something that even surpasses what genetics could give us.

TRUE FRIENDS ARE THAT DIVINE GIFT THAT REMINDS US WE ARE NOT ALONE.

Friends help us feel valued, understood, and connected, and they teach us that friendship is much more than fun times: they are a refuge where we can be ourselves.

Now that we understand what a good friend means, it's time to discover something deeper: it's no coincidence that we need friends; all human beings were designed this way, and there's no doubt we were made to connect with others.

Let's go explore this incredible design!

Ese tipo de amor es el núcleo de una amistad real y es también un reflejo del tipo de amor con el que fuimos creados para vivir y conectar con los demás.

Por último, no sé si tengas hermanos o hermanas, pero el escritor de Proverbios compara a la verdadera amistad con uno de los vínculos biológicos más fuertes que la vida nos puede dar: el de los *hermanos*, ya que es un lazo muy intenso y prácticamente imposible de disolver.

Un amigo verdadero puede ir más allá de la unión biológica, porque se trata de una elección y compromiso de estar presente siempre, y esto es algo que incluso supera lo que la genética nos podría dar.

LOS VERDADEROS AMIGOS SON ESE REGALO DIVINO QUE NOS RECUERDA QUE NO ESTAMOS SOLOS.

Los amigos nos ayudan a sentirnos valiosos, comprendidos y conectados, y nos enseñan que la amistad es mucho más que momentos divertidos: son un refugio donde podemos ser nosotros mismos.

Ahora que entendemos lo que significa un buen amigo, es momento de descubrir algo más profundo: no es casualidad que necesitemos amigos, todos los seres humanos fuimos diseñados de esa manera, y no hay duda de que estamos hechos para conectar con otros.

¡Vamos a explorar ese increíble diseño!

EXERCISE – INGREDIENTS OF THE IDEAL FRIEND

Instructions: In the drawing, add the ingredients on the recipe sheet that would make up your ideal friend, for example:

- 1 cup of honesty
- 2 tablespoons of support
- 1 pinch of fun
- 1 splash of patience

Legend on the glass: A good friendship is a balanced mix of unique elements.

EJERCICIO - INGREDIENTES DEL AMIGO IDEAL

Instrucciones: En el dibujo agrega los ingredientes en la hoja de receta que formarían a tu amigo ideal por ejemplo:

- 1 taza de honestidad
- 2 cucharadas de apoyo
- 1 pizca de diversión
- 1 chorrito de paciencia

Leyenda en el vaso: Una buena amistad es una mezcla balanceada de elementos únicos.

CHAPTER 2

DESIGNED TO CONNECT

OPERATION RECRUITMENT

The first days of "Operation Recruitment" seem more like an impossible mission. Making friends is something some people have completely mastered. For example, Max. That guy has a gift for making everyone follow him. Within minutes he's surrounded by people, telling stories or making jokes, and everyone laughs. I, on the other hand, tend to stay quiet, or throw out some super cool comments that nobody hears (and then I just feel a little dumb).

The truth is, sometimes it's really hard for me to fit in. For me, making friends has always been something that takes time, effort, and a bit of a headache. Every time I try to approach someone to talk, I remember that time I went to Teo's basketball game. I've never been good at sports, but just to try to fit in with the group I wanted to play like an expert and instead ended up looking like a clown, and everyone laughed at me for weeks. Even Teo, which I must admit disappointed me way too much. In fact, it broke our friendship and it hurt me a lot.

From that moment on, I started watching everyone and asking myself: Do I really need friends?

If I think about it, in Rubz (my favorite video game) I'm pretty popular, maybe because I've spent my whole life being the Chiptune Hero. Of course!

CAPÍTULO 2

DISEÑADOS PARA CONECTAR

OPERACIÓN RECLUTAMIENTO

Los primeros días de "Operación Reclutamiento" parecen más bien una misión imposible. Hacer amigos es algo que algunos tienen completamente dominado. Por ejemplo, Max. Ese chico tiene un don para hacer que todos lo sigan. En dos minutos ya está rodeado de gente, contando historias o haciendo bromas, y todos se ríen. Yo, en cambio, soy más de quedarme callado, o de lanzarme comentarios súper cool que nadie escucha (y luego me siento un poco tonto).

La verdad, algunas veces me cuesta muchísimo integrarme. Para mí, hacer amigos siempre ha sido algo que requiere tiempo, esfuerzo y, un poco de dolor de cabeza. Cada vez que voy a acercarme a alguien para platicar recuerdo aquella vez que fui al partido de basquetbol de Teo. Yo nunca he sido bueno en los deportes, pero con tal de integrarme al grupo quise jugar como un experto y mas bien quedé como payaso, todos se rieron de mi por semanas. Incluso Teo, lo cual debo admitir que me decepcionó demasiado. De hecho eso rompió nuestra amistad y me dolió mucho.

Actually, what if I have my party online? HAHA! But what would it be about? I don't think it would make sense; my cake and me in front of the screen?

I was lost in my thoughts when a hit on my ankle shook me all the way to my head. It was Lola's skateboard, and she came running toward me with a worried face and a laugh held back at the same time. That girl is kind of weird and the worst part is, she doesn't seem to care at all. She's always on her skateboard with her headphones on, sometimes dancing by herself...

–ZAAAACK, are you okay? –her squeaky voice interrupted my inner monologue.

–Yeah, I think so –I replied.

She smiled and, leaning a little on her skateboard, looked at me with those bright eyes that had all the energy in the world.

Desde ese momento, observo a todos y me pregunto: ¿Realmente necesito amigos?

Si lo pienso, en *Rubz* (mi videojuego favorito) soy bastante popular, quizás porque llevo toda mi vida siendo el *Chiptune Hero* ¡Claro que si!

De hecho, ¿qué pasaría si hago mi fiesta en linea? ¡HAHA! ¿Pero de qué se trataría? Creo que no tendría sentido; ¿mi pastel y yo frente a la pantalla?

Estaba sumergido en mis pensamientos cuando un golpe en el tobillo me sacudió hasta la cabeza. Era la patineta de Lola, quien corría hacia mí con cara de preocupación y risa contenida al mismo tiempo. Esa niña es algo rara y lo peor de todo, parece no importarle en lo absoluto. Solo anda en su patineta con sus audífonos[1] puestos, a veces bailando sola...

–ZAAACK ¿Estás bien? –su voz chillona interrumpe mi diálogo interno.

–Si, eso creo –le respondí.

Ella sonrió y, mientras se inclinaba un poco sobre su patineta, me miró con esos ojos brillantes que tenían toda la energía del mundo.

–Oye, solo quería decir que lo siento... ah, y que me encanta tu camiseta de Rubz. Llevo dos semanas intentando descubrir el secreto para pasar al Nivel 5 ¡pero no lo consigo!

–¿De veras? No es por alardear, pero es más obvio de lo que crees. Yo estoy en el nivel 7.

1 Audífonos: en algunos países de Latinoamérica se les dice «auriculares»

–Hey, I just wanted to say I'm sorry... oh, and that I love your Rubz shirt. I've been trying for two weeks to figure out the secret to get past Level 5 but I just can't do it!

–Really? Not to brag, but it's more obvious than you think. I'm on Level 7.

Lola and I talking about video games? I would've never thought of it, but I must confess that conversation was the most exciting thing that happened to me this week.

The bell rang signaling the end of recess. It didn't turn out so bad after all. Lola and I spent the rest of the day talking about Nerdcore. She showed me a ton of cool music her brothers passed down to her. I was so jealous! I only have Jonah who barely knows how to drool and throw snot everywhere. At last I found someone who gets my geek jokes... I think I can already put the first name on my list.

INTRO CONNECTING WITH OTHERS

Have you ever realized that, even if you are more quiet or more social, you still feel the desire to share moments with someone–a laugh, a conversation, or simply not being alone?

It's not just because. A long time ago, thinkers like Aristotle already said that humans are social beings by nature. And they were right!

We weren't created to be alone; we need others to grow, to learn, and to find meaning in life. Laughter and hugs were designed to be shared with someone else.

Friendship is not just a desire, it is part of who we are!

¿Lola y yo hablando de videojuegos? Jamás lo habría pensado, pero debo confesar que esa conversación ha sido lo más emocionante que me sucedió esta semana.

La campana sonó indicando que el receso había terminado. No salió tan mal después de todo. Lola y yo nos quedamos juntos el resto del día hablando de *Nerdcore*. Me enseñó un montón de música *cool* que sus hermanos le pasaron. ¡Qué envidia! Yo solo tengo a Jonah que apenas sabe babear y tirar mocos por todas partes. Por fin encontré a alguien que entiende mis chistes *geek*... creo que ya puedo colocar el primer nombre en mi lista.

INTRO
CONECTAR CON OTROS

¿Alguna vez te has dado cuenta de que, aunque seas más callado o más social, igual sientes ganas de compartir momentos con alguien, una risa, una conversación o simplemente no estar solo?

No es solo porque sí. Desde hace muchísimo tiempo, pensadores como Aristóteles ya decían que los humanos somos seres sociales por naturaleza. ¡Y tenían razón!

No fuimos creados para estar solos; necesitamos de los demás para crecer, aprender y encontrarle sentido a la vida. Las risas y los abrazos se diseñaron para compartirlas con alguien más.

¡La amistad no es solo un deseo, es parte de quiénes somos!

No hay mejor sentimiento en el mundo que el de sentirse aceptado y amado por otros tal y como eres, sin importar lo que hagas o lo que digas. Y es por eso que todos los seres

There is no better feeling in the world than being accepted and loved by others just as you are, no matter what you do or say. And that's why all human beings are in a constant search for meaningful relationships.

FRIENDSHIP IS NOT JUST A DESIRE, IT IS PART OF WHO WE ARE!

Friendship is the place where you can show your real self, the one without filters. And that has everything to do with the way we, as human beings, are wired. It doesn't matter if you are super social or if you prefer being alone; everyone, in one way or another, needs to feel that we belong and that we are part of something.

We were born to connect with others.

RELATIONAL BEINGS

Loneliness is not part of the human design. We were designed to share with one another and to accompany each other throughout the journey of our time on Earth.

Why? Because it is in relationships with others that we discover who we are, we learn to love and be loved, and we find comfort, strength, and direction. Because the Creator of humanity designed us this way: to live as a team, not in isolation.

And also... let's be honest: doing everything on our own is not only harder, it's also more boring!

When we are with others, we learn extremely important things that can only be learned in company, such as helping, forgiving, listening, and loving in tangible ways.

humanos estamos en búsqueda constante de relaciones significativas.

La amistad es el lugar donde puedes mostrar tu versión real, esa que no tiene filtros. Y eso tiene todo que ver con la forma en que como seres humanos estamos configurados. No importa si eres súper sociable o si te gusta más estar a solas; todos, de una forma u otra, necesitamos sentir que encajamos y que somos parte.

¡LA AMISTAD NO ES SOLO UN DESEO, ES PARTE DE QUIÉNES SOMOS!

Nacimos para conectar con otros.

SERES RELACIONALES

La soledad no es parte del diseño humano. Fuimos diseñados para compartir unos con otros y acompañarnos durante todo el trayecto que dure nuestro paso por la Tierra.

¿Por qué? Por que es en la relación con otros donde descubrimos quiénes somos, aprendemos a amar y ser amados, y encontramos consuelo, fuerza y dirección. Porque el Creador de la humanidad nos diseñó de esa forma: para vivir en equipo, no en solitario.

Y porque además... seamos honestos: hacerlo todo por nuestra cuenta no solo es más difícil ¡también es más aburrido!

Cuando estamos con otros, aprendemos cosas extremadamente importantes **que solo pueden ser aprendidas en compañía** como ayudar, perdonar, escuchar y amar de maneras tangibles.

Friendships work like mirrors, because through living with others, we can get to know ourselves better, understand our weaknesses, and at the same time develop our virtues.

FRIENDSHIPS WORK LIKE MIRRORS, BECAUSE THROUGH LIVING WITH OTHERS, WE CAN GET TO KNOW OURSELVES BETTER.

When we don't have bonds or connections with other people, life can start to feel strange, empty, or meaningless. Do you know why? Because we weren't made to be alone all the time.

It's like trying to eat with a pen instead of a fork... it wasn't designed for that and it would end up being a disaster!

The same thing happens with us: when we try to live disconnected, without true friends or without people to share the good and the hard moments with, something inside us begins to feel wrong.

You weren't created to do everything alone! We were designed to support each other, laugh, learn, and grow together with others. That's why forming real and deep bonds is not only good, it's part of what makes us live well.

BEING RELATIONAL BEINGS IS WHAT MAKES US HUMAN.

Las amistades funcionan como espejos, ya que a través de convivir con otros, podemos conocernos mejor a nosotros mismos, entender nuestras debilidades y al mismo tiempo desarrollar nuestras virtudes.

LAS AMISTADES FUNCIONAN COMO ESPEJOS, YA QUE A TRAVÉS DE CONVIVIR CON OTROS, PODEMOS CONOCERNOS MEJOR A NOSOTROS MISMOS.

Cuando no tenemos lazos o conexiones con otras personas, la vida puede empezar a sentirse rara, vacía o sin mucho sentido. ¿Sabes por qué? Porque no fuimos hechos para estar solos todo el tiempo.

Es como si trataras de comer con un bolígrafo en lugar de un tenedor... ¡no fue diseñado para eso y terminaría siendo un desastre!

Lo mismo pasa con nosotros: cuando tratamos de vivir desconectados, sin amigos de verdad o sin personas con quienes compartir lo bueno y lo difícil, algo dentro de nosotros empieza a sentirse mal.

¡No fuiste creado para hacerlo todo solo! Fuimos diseñados para apoyarnos, reír, aprender y crecer junto a otros. Por eso, formar lazos reales y profundos no es solo bueno, es parte de lo que nos hace vivir bien.

SER SERES RELACIONALES ES LO QUE NOS HACE HUMANOS.

FINDING YOUR PLACE

Imagine for a moment life without friends. For some, this idea might even be chilling! While for others it's not such a bad thought, especially if they've been hurt or disappointed in a relationship.

But if you think about it, life wouldn't be the same without people to share your achievements, your failures, your questions, and your dreams with. Even so, we live in a time where, despite being more connected than ever, feelings of loneliness and isolation are growing more and more.

Have you ever felt that you are surrounded by people, but as if no one really sees you, as if no one truly knows you? That is loneliness. It's not only being without people around you, but feeling disconnected, like a smartphone without signal.

BUSCANDO TU LUGAR

SIN CONEXIÓN, EL CEREBRO SUFRE. ASÍ DE FUERTE ES NUESTRA NECESIDAD DE ESTAR CON OTROS.

Imagina por un momento la vida sin amigos. ¡Para algunos esta idea puede llegar a ser escalofriante! Mientras que para otros no es tan mala idea, especialmente si han sido heridos o decepcionados en alguna relación.

Pero si lo piensas bien, la vida no sería igual sin personas con quienes compartir tus logros, tus fracasos, tus preguntas y tus sueños. Aun así, vivimos en un tiempo donde, a pesar de estar más conectados que nunca, los sentimientos de soledad y el aislamiento están creciendo cada vez más.

¿Has sentido alguna vez que estás rodeado de personas, pero como si nadie te viera de verdad, como si nadie te conociera realmente? Eso es la soledad. No solamente es estar sin gente a tu alrededor, sino sentirte desconectado, como un *smartphone* sin señal.

Todos hemos sentido eso alguna vez, y no es para nada raro. Pero el sentimiento de soledad es tan solo una señal de advertencia de que necesitamos una conexión emocional y social con alguien, que es tan importante para nuestra alma como lo es respirar para nuestro cuerpo. Es una forma en la que nuestro corazón nos recuerda que fuimos creados para vivir acompañados, no aislados.

Incluso la ciencia lo confirma: cuando estamos solos o aislados por mucho tiempo, nuestro cerebro reacciona con

WITHOUT CONNECTION, THE BRAIN SUFFERS. THAT'S HOW STRONG OUR NEED IS TO BE WITH OTHERS.

We have all felt that at some point, and it's nothing strange. But the feeling of loneliness is just a warning sign that we need an emotional and social connection with someone, which is as important for our soul as breathing is for our body. It's a way our heart reminds us that we were created to live accompanied, not isolated.

Even science confirms it: when we are alone or isolated for too long, our brain reacts with pain, as if we were physically hurt. Literally, loneliness hurts. The reason for this is that we are neurologically designed to connect. Without connection, the brain suffers.

That's how strong our need is to be with others.

Maybe in your life you've experienced complicated situations in your relationships, like rejection or abandonment, and those experiences shaped the way you see friendship. Maybe you tried to trust someone and ended up hurt. That hurts, and it's normal if later you don't want to try again.

But not all moments and not all people will be the same. You can't close your heart to everyone because of just one! What we really need is not fewer friends, but the right friends, because true friendships heal instead of hurt.

So I invite you to lose the paralyzing fear of loneliness; that kind of fear only makes life worse. Because we were created to belong. And when you find that real connection, life becomes so much better.

dolor, como si estuviéramos físicamente heridos. **Literalmente, la soledad duele.** La razón de esto es que estamos diseñados neurológicamente para conectar. Sin conexión, el cerebro sufre.

Así de fuerte es nuestra necesidad de estar con otros.

Tal vez en tu vida experimentaste situaciones complicadas en tus relaciones, como rechazo o abandono y esas vivencias impactaron la forma en que ves las amistades. Tal vez intentaste confiar en alguien y saliste herido. Eso duele, y es normal que después no quieras volver a intentarlo.

Pero no todos los momentos ni todas las personas serán iguales. ¡No puedes cerrarle el corazón a todas las personas por culpa de una sola! Lo que realmente necesitamos no es menos amigos, sino los amigos correctos, por que las amistades verdaderas sanan en lugar de herir.

Así que te invito a perderle el miedo paralizante a la soledad; ese tipo de miedo solo hace que la vida empeore. Porque fuimos creados para pertenecer. Y cuando encuentras esa conexión real, la vida se vuelve mucho mejor.

CUESTIÓN DE BALANCE

Es una realidad que algunos hacen amigos fácilmente, mientras que otros batallan un poco más. Aun si eres una persona amigable, puede que quieras más amigos de los que actualmente tienes. O tal vez valoras mucho estar a solas con tus pensamientos la mayoría del tiempo.

Compartir tiempo con buenos amigos puede ser una experiencia maravillosa, pero es posible que algunas veces prefieras estar solo. Puede que te sorprenda lo que voy a decirte a continuación: ¡es completamente normal preferir estar a solas algunas veces!

A MATTER OF BALANCE

It's a reality that some people make friends easily, while others struggle a bit more. Even if you are a friendly person, you may want more friends than you currently have. Or maybe you really value being alone with your thoughts most of the time.

IT IS IMPORTANT TO MAKE TIME TO NURTURE YOUR FRIENDSHIPS AND TO FIND THE BALANCE BETWEEN YOUR ALONE TIME AND YOUR TIME WITH FRIENDS.

Spending time with good friends can be a wonderful experience, but sometimes you may prefer to be alone. What I'm about to tell you might surprise you: it is completely normal to prefer being alone sometimes!

When you are alone you can sing, dance, read, or recharge your energy, and when you're ready to socialize again, you can seek out your friends. However, it is important to make time to nurture your friendships and to find the balance between your alone time and your time with friends.

On the other hand, it is essential to know the difference between "being alone" and "feeling lonely" because they are definitely not the same thing. Being alone can be an opportunity to learn more about yourself, set future goals, or strengthen your inner world. Feeling lonely, as we mentioned before, is a warning sign that you need to talk and interact more with others in deeper ways.

Of course, some people feel more comfortable being alone and others being surrounded by noise and bustle; nevertheless, it's important that we all learn to take time both for social activities and for solitary activities.

Cuando estás solo puedes cantar, bailar, leer o recargar tus energías y cuando estás listo para socializar nuevamente, puedes buscar a tus amigos. Sin embargo, **es importante hacer el tiempo para nutrir tus amistades y encontrar el equilibrio entre tu tiempo a solas y tu tiempo con amigos.**

Por otro lado, es fundamental conocer la diferencia entre 'estar a solas' y 'sentirse solo' porque definitivamente no es lo mismo. Estar a solas puede ser una oportunidad para aprender más acerca de ti, crear metas a futuro o fortalecer tu mundo interior. Sentirte solo, como ya mencionamos, es una señal de advertencia de que necesitas hablar e interactuar más con otros de maneras profundas.

Por supuesto, algunos se sienten más cómodos estando solas y otros estando acompañados en medio del ruido y alboroto; no obstante, es importante que todos aprendamos a tomarnos tiempo tanto para actividades sociales cómo para actividades solitarias.

Sometimes you need friends. Sometimes you just need headphones, your favorite blanket, and zero notifications.

The important thing is not to forget yourself or the people who make you feel good, because in the balance between being alone and being with others... you find yourself!

EXERCISE – THE BALANCE

INSTRUCTIONS:

In the drawing, identify how you balance your time between being alone and being with friends, and discover what things you truly enjoy in each space. Write down which activities you really enjoy in each case:

When I am alone, I like to:

When I am with friends, I like to:

REFLECT:

- Which column has more activities?
- Do you feel that you are giving yourself enough time for both things?
- Is there something you would like to change in order to feel more balanced?

FINAL TIP:

Some people recharge their energy alone, others do it accompanied. For different people, balance will look different; the important thing is to get to know yourself.

A veces necesitas amigos. A veces solo necesitas audífonos, tu cobija favorita y cero notificaciones.

Lo importante es no olvidarte de ti ni de quienes te hacen bien, porque en el equilibrio entre estar solo y estar con otros... ¡te encuentras a ti mismo!

EJERCICIO - LA BALANZA

INSTRUCCIONES:

En el dibujo Identifica cómo equilibras tu tiempo entre estar a solas y estar con amigos, y descubrir qué cosas disfrutas realmente en cada espacio. Escribe qué actividades disfrutas realmente en cada caso:

Cuando estoy solo/a me gusta:

Cuando estoy con amigos me gusta:

REFLEXIONA:

- ¿Cuál columna tiene más actividades?
- ¿Sientes que te estás dando tiempo suficiente para ambas cosas?
- ¿Hay algo que te gustaría cambiar para sentirte más en equilibrio?

TIP FINAL:

Algunas personas recargan su energía solas, otras lo hacen acompañadas. Para distintas personas el balance se verá diferente, lo importante es conocerte a ti mismo.

CHAPTER 3

INFLUENCE

A STROKE OF LUCK

It all came at once... literally.

Lola and I were walking to physical education class. I was carrying in my hands a delicious glazed donut, when suddenly I heard: "Watch out!" A soccer ball hit my hands, the donut flew and flew until it landed on the head of Mr. Tom, the teacher.

The teacher walked away without saying anything, but surprisingly, instead of giving us a harsh punishment, he took it with humor and made an official announcement over the school's loudspeaker system, which said:

–Attention: this is a message from the Anti-Sweets Squad. Donuts are coming to life, they're going after the teachers. If you see one, destroy it before it's too late!

One of the kids managed to record the moment, they added music to it, and that's how the legend of "Donutgate" was born. The next day they gave me a T-shirt with a glazed donut and a "Wanted" sign.

Everything was so funny, and out of nowhere Max and his friends started including me. I quickly understood the rules: laugh even if you don't find it funny. Pretend you don't study. Make fun of the one who's alone. Pretend you don't know the answer even if you do. Don't talk about weird stuff, like your favorite comics or how you collect movie quotes in an app.

INFLUENCIA

UN GOLPE DE SUERTE

Todo llegó de golpe... literal.

Lola y yo caminábamos hacia la clase de educación física. Yo cargaba en mis manos una deliciosa dona glaseada, cuando de repente escuché: "¡Cuidado!". Un balón de fútbol golpeó mis manos, la dona voló y voló hasta caer en la cabeza del profesor Tom.

I became someone else. I didn't notice it at first, but I missed Lola; every time I tried to sit with her, as was our custom, Max and the others would take my backpack and save me a spot next to them.

Wasn't this what I wanted, right? Now I have six more names to add to the list; I think I completed the mission of Operation Recruitment. Although I don't understand why it doesn't feel that great, I think I need to reconsider.

So, when I got home, I came up with a strategy to analyze my options:

PROFILE #1: MAX "THE CENTER OF ATTENTION"

- **Charisma level:** 🔥🔥🔥🔥🔥
- **Special skill:** Always has someone calling him "bro"... he's so cool.
- **Pros:** He invited me to his table. Has direct connection with the basketball team guys.
- **Cons:** Makes mean jokes. Mocks others. Doesn't really care about getting good grades.

Diagnosis: Fun. Loyalty level unknown. Be careful.

PROFILE #2: LOLA "THE RANDOM CREATIVE"

- **Crazy ideas level**: 💡💡💡💡💡
- **Special skill:** Pulls you out of your comfort zone without permission.

El profesor se retiró sin decir nada, pero sorprendentemente, en vez de darnos un castigo severo, lo tomó con humor e hizo un anuncio oficial por el sistema de altavoces de la escuela, que decía:

—Atención: este es un mensaje del Escuadrón Anti-Dulces. Las donas están cobrando vida, van tras los profesores. Si ves una, ¡destrúyela antes de que sea demasiado tarde!

Uno de los chicos alcanzó a grabar el momento, le pusieron música y ahí se creó la leyenda de "El Donutgate". Al día siguiente me regalaron una camiseta con una dona glaseada y un anuncio de "Se busca".

Todo era tan divertido, de la nada Max y sus amigos comenzaron a incluirme. Rápido entendí las reglas: reírte aunque no te dé risa. Fingir que no estudias. Burlarte del que está solo. Pretender que no sabes la respuesta aunque sí la sepas. No hablar de cosas raras, como tus cómics favoritos o de cómo coleccionas frases de películas en un app.

Me convertí en alguien más. No lo noté al principio, pero extrañaba a Lola, siempre que intentaba sentarme con ella, como era nuestra costumbre, Max y los demás se llevaban mi mochila y me guardaban un lugar junto a ellos.

Era lo que quería ¿cierto? Ahora tengo seis nombres más para agregar en la lista; creo que cumplí la misión de Operación Reclutamiento. Aunque no entiendo por qué no se siente tan bien, creo que debo de pensarlo mejor.

Así que, llegando a casa elaboré una estrategia para analizar mis opciones:

- **Pros:** Knows Teo. Reminded me of things about myself that I like. She's honest and kind.
- **Cons:** Sometimes too direct. Zero filters. Doesn't have many friends.
- **Diagnosis:** Wild, but real. Highly recommended if I want to be myself again.

It's a tough decision, I can't imagine my party without Lola. On the other hand, I don't want to lose my moment of being cool; maybe going back to being myself isn't what I need. Things weren't going so well before Donutgate. I think it's better this way, though I believe my parents won't be too happy with this decision.

PERFIL #1: MAX 'EL CENTRO DE ATENCIÓN'

- **Nivel de carisma:** 🔥🔥🔥🔥🔥
- **Habilidad especial:** Siempre tiene a alguien que le dice '*bro*'... es tan cool.
- **Pros:** Me invitó a su mesa. Tiene conexión directa con los del equipo de básquetbol.
- **Contras:** Hace bromas pesadas. Se burla de otros. No le importa mucho sacar buenas notas.
- **Diagnóstico:** Divertido. Nivel de lealtad desconocido. Cuidado.

PERFIL #2: LOLA 'LA CREATIVA RANDOM'

- **Nivel de ideas locas:** 💡💡💡💡💡
- **Habilidad especial:** Te saca de tu zona de confort sin permiso.
- **Pros:** Conoce a Teo. Me recordó cosas de mí que me gustan. Es honesta y amable.
- **Contras:** A veces demasiado directa. Cero filtros. No tiene muchos amigos.
- **Diagnóstico:** Salvaje, pero real. Altamente recomendable si quiero ser yo otra vez.

Es una decisión difícil, no puedo imaginar mi fiesta sin Lola. Por otro lado, no quiero perder mi momento de ser *cool*, quizás volver a ser yo mismo no es lo que necesito. Las cosas no iban tan bien antes del *Donutgate*. Creo que es mejor así, aunque pienso que mis padres no estarán muy contentos con esta decisión.

INTRO
TELL ME WHO YOU WALK WITH...

YOUR CLOSEST FRIENDSHIPS NOT ONLY INFLUENCE YOUR TASTES OR HOW YOU SPEAK: THEY CAN ALSO SHAPE YOUR DECISIONS, YOUR DREAMS, AND EVEN THE WAY YOU SEE LIFE.

"Tell me who you walk with... and I'll tell you who you are."

It's a very old popular saying that, even if it sounds like something your grandma would say, actually has quite a bit of science behind it. Nowadays, experts call it "social contagion," and the idea is that, without realizing it, we absorb (or catch) ways of thinking, speaking, acting, and even feeling from the people closest to us.

They say we are the average of the five people we spend the most time with. In other words, your closest friendships not only influence your tastes or how you speak: they can also shape your decisions, your dreams, and even the way you see life.

Choosing your friends well is more important than it seems.

YOUR HABITS, YOUR WAY OF SPEAKING, YOUR VALUES, AND EVEN YOUR IMPORTANT DECISIONS ARE DEEPLY INFLUENCED BY YOUR INNER CIRCLE.

Close friends are not just there to have fun with; they are also an important influence for better or for worse. What you see, hear, and experience with them becomes part of you.

INTRO
DIME CON QUIEN ANDAS...

"Dime con quién andas... y te diré quien eres".

Es un refrán popular muy antiguo, que aunque suene como algo que diría tu abuelita, en realidad tiene bastante ciencia detrás. Hoy en día, los expertos lo llaman "contagio social" y es la idea de que, sin darnos cuenta, absorbemos (o nos contagiamos) formas de pensar, hablar, actuar y hasta de sentir de las personas más cercanas a nosotros.

TUS AMISTADES MÁS CERCANAS NO SOLO INFLUYEN EN TUS GUSTOS O EN CÓMO HABLAS: TAMBIÉN PUEDEN MOLDEAR TUS DECISIONES, TUS SUEÑOS Y HASTA LA FORMA EN QUE VES LA VIDA.

Dicen que somos el promedio de las cinco personas con las que más tiempo pasamos. En otras palabras, tus amistades más cercanas no solo influyen en tus gustos o en cómo hablas: también pueden moldear tus decisiones, tus sueños y hasta la forma en que ves la vida.

Elegir bien a tus amigos es más importante de lo que parece.

TUS HÁBITOS, TU FORMA DE HABLAR, TUS VALORES Y HASTA TUS DECISIONES IMPORTANTES SE VEN PROFUNDAMENTE INFLUENCIADAS POR TU CÍRCULO ÍNTIMO.

Los amigos cercanos no solo están para pasarla bien, también son una importante influencia para bien o para mal. Lo que ves, escuchas y experimentas junto a ellos se convierte en parte de ti.

WE RESEMBLE EACH OTHER

WE ARE SURPRISINGLY SIMILAR TO OUR FRIENDS IN THE WAY WE SEE AND RESPOND TO THE WORLD AROUND US.

Our close friends never leave us the same as we are. They always leave a strong influence on every aspect of our lives, from tastes and preferences, to the ways we see life and the things we value deep in our hearts.

Have you ever been told that you and your friends look like clones? It's no coincidence: our brains are designed to imitate the people around us. A study from Northwestern University found that even our brainwaves start to synchronize when we spend a lot of time with someone.

We are surprisingly similar to our friends in the way we see and respond to the world around us.

Sometimes we underestimate friendships and don't give them the value they deserve, but that's a terrible mistake. If we were designed to connect, then every connection has an impact on who we are. And here's the interesting part: that impact can draw you closer to your purpose... or pull you away from it. And discovering your purpose will give a special meaning to your existence.

Because when you understand that your life has a greater meaning —that you were created to connect with something bigger than yourself and to make a difference in the world—you realize that the people you surround yourself with also influence that.

NOS PARECEMOS

SOMOS SORPRENDENTEMENTE PARECIDOS A NUESTROS AMIGOS EN LA FORMA EN QUE VEMOS Y RESPONDEMOS AL MUNDO QUE NOS RODEA.

Nuestros amigos cercanos nunca nos dejan tal y como estamos. Siempre dejan una influencia marcada en todos los aspectos de nuestra vida, desde los gustos y preferencias, hasta las formas en que vemos la vida y las cosas que valoramos en lo profundo de nuestro corazón.

¿Alguna vez te han dicho que tú y tus amigos parecen clones? No es casualidad: nuestros cerebros están diseñados para imitar a las personas que nos rodean. Un estudio de la Universidad de Northwestern encontró que hasta nuestras ondas cerebrales empiezan a sincronizarse cuando pasamos mucho tiempo con alguien.

Somos sorprendentemente parecidos a nuestros amigos en la forma en que vemos y respondemos al mundo que nos rodea.

A veces subestimamos las amistades y no les damos el valor que se merecen, pero eso es un terrible error. Si fuimos diseñados para conectar, entonces cada conexión tiene un impacto en quiénes somos. Y aquí viene lo interesante: **ese impacto puede acercarte hacia tu propósito... o alejarte de él.** Y descubrir tu propósito le dará un sentido especial a tu existencia.

Porque cuando entiendes que tu vida tiene un sentido más grande —que fuiste creado para conectar con algo más grande

That's why choosing your friends is not just about who you spend time with: it's a decision that affects your soul and the direction of your life. That's why it's so important to surround yourself with people who help you grow, who challenge you to be better, and who encourage you when you need it.

So ask yourself this key question: **Are your friends bringing you closer to the best version of yourself... or are they pulling you away from it?**

WARNING!

Thousands of years ago, wise King Solomon already warned us when he wrote:

"DO NOT MAKE FRIENDS WITH A HOT-TEMPERED PERSON, DO NOT ASSOCIATE WITH ONE EASILY ANGERED, OR YOU MAY LEARN THEIR WAYS AND GET YOURSELF ENSNARED." —PROVERBS 22:24-25, NIV

Now, this is not saying we shouldn't be kind to everyone, but rather that we must be careful about who we let into the deepest parts of our lives. Emotions, habits, ways of thinking–and even flaws–are contagious.

And the most dangerous part is that it doesn't happen all at once. It's a quiet change that happens little by little, without you even realizing it. What starts as a joke, an attitude, or a shared decision could end up leading you to places you never thought you'd go... and yes, even put you in real danger.

Because friendship doesn't just accompany you... it transforms you. And that influence can be a blessing or a trap.

Think of it this way: if you spend a lot of time with people who are generous, joyful, and strive to do what is right, little by little, that will rub off on you. But if you're always around

que tú y hacer una diferencia en el mundo—, te das cuenta de que las personas con las que te rodeas también influyen en eso.

Por eso, elegir a tus amigos no se trata solo de con quién pasas el tiempo: es una decisión que afecta tu alma y el rumbo de tu vida. Por eso es tan importante rodearte de personas que te ayuden a crecer, que te reten a ser mejor y que te animen cuando lo necesitas.

Así que hazte esta pregunta clave: **¿Tus amigos te están acercando a la mejor versión de ti mismo... o te están alejando de ella?**

¡ADVERTENCIA!

Hace miles de años, ya lo advertía el sabio rey Salomón cuando escribió:

**NO TE HAGAS AMIGO DE LA GENTE IRRITABLE,
NI TE JUNTES CON LOS QUE PIERDEN LOS ESTRIBOS CON FACILIDAD, PORQUE APRENDERÁS A SER COMO ELLOS Y PONDRÁS EN PELIGRO TU ALMA.
—PROVERBIOS 22:24-25**

Ojo, no está diciendo que no seamos amables con todos, sino que tengamos cuidado de a quién dejamos entrar en lo más profundo de nuestra vida. Las emociones, los hábitos, la forma de pensar, y hasta los defectos se contagian.

Y lo más peligroso es que no pasa de golpe. Es un cambio silencioso, que ocurre poco a poco, sin que te des cuenta. Lo que empieza como una broma, una actitud o una decisión compartida, puede terminar llevándote a lugares que jamás pensaste visitar... y sí, incluso ponerte en riesgo real.

Porque la amistad no solo te acompaña... te transforma. Y esa influencia puede ser una bendición o una trampa.

BECAUSE FRIENDSHIP DOESN'T JUST ACCOMPANY YOU... IT TRANSFORMS YOU. AND THAT INFLUENCE CAN BE A BLESSING OR A TRAP.

people who complain, criticize others, or break rules without thinking, that lifestyle will also rub off on you. This isn't an exaggeration: both science and the Bible agree on this.

YOUR CLOSEST RELATIONSHIPS HAVE A DIRECT EFFECT ON HOW YOU THINK, FEEL, AND ACT.

Remember this: the direction of your life can be determined by the quality of your friendships.

ACCIDENT OR CHOICE?

Friendships are not a matter of luck. They are not an accident of destiny, they are a daily choice.

As you grow, your responsibility to decide who you relate to also grows. You have the ability—and the responsibility—to choose, to build, and to take care of relationships that bring you something good, and also to let go of those that harm you.

When we are children, our friendships are limited because they are based on proximity, meaning those who are closest to us are our friends—for example, our cousins, siblings, neighbors, or kindergarten classmates.

In those first relational contacts of our lives, our choice or preference had nothing to do with it: that was decided for us. In those spaces you might have been lucky to connect with kids very similar to you, with whom you got along naturally,

Piénsalo así: si pasas mucho tiempo con personas que son generosas, alegres y se esfuerzan por hacer lo correcto, poco a poco eso se te va a pegar. Pero si andas todo el tiempo con gente que vive quejándose, criticando a los demás o rompe las reglas sin pensarlo, también te contagiará ese estilo de vida. No es exageración: la ciencia y la Biblia coinciden en esto.

PORQUE LA AMISTAD NO SOLO TE ACOMPAÑA... TE TRANSFORMA. Y ESA INFLUENCIA PUEDE SER UNA BENDICIÓN O UNA TRAMPA.

TUS RELACIONES MÁS CERCANAS TIENEN UN EFECTO DIRECTO SOBRE CÓMO PIENSAS, SIENTES Y ACTÚAS.

Recuerda esto: la dirección de tu vida puede estar determinada por la calidad de tus amistades.

¿ACCIDENTE O ELECCIÓN?

Las amistades no son cuestión de suerte. No es un accidente del destino, es una elección diaria.

A medida que creces, también crece tu responsabilidad de decidir con quién te relacionas. Tú tienes la capacidad —y la responsabilidad— de elegir, de construir y de cuidar relaciones que te aportan algo bueno, y también de soltar aquellas que te hacen daño.

Cuando somos niños nuestras amistades son limitadas ya que se basan en la proximidad, es decir, quienes están más

SO, IT'S NOT ENOUGH TO HAVE FRIENDS; IT'S VITAL THAT THEY ARE GOOD FRIENDS.

and maybe they are still your friends today. But it's also possible that they're not, and there's absolutely nothing wrong with that.

But as you mature, your ability to choose friendships expands. Even though school, church, or social media are still key spaces to socialize, when childhood ends you are no longer limited to who is nearby, and that opens up a world of possibilities.

At this stage, the choice of friendships becomes part of your personal development.

You begin to connect with others when they feel the same as you, share your interests, believe in similar things, and have a personality that fits with yours. And when that happens, everything changes.

So, it's not enough to have friends; it's vital that they are good friends.

In fact, the following proverb makes it crystal clear in just a few words:

"WALK WITH THE WISE AND BECOME WISE, FOR A COMPANION OF FOOLS SUFFERS HARM."
—PROVERBS 13:20, NIV

Do you see? It's not talking about superficial preferences, but about a profound truth: the people closest to you can shape who you are. Everything they do or say can begin to influence you—for good or for bad.

As someone once said: "Friends chosen without thought can become a problem." That's why choosing your friends well

cerca son nuestros amigos, por ejemplo nuestros primos, hermanos, vecinos o compañeros del jardín [kinder].

En esos primeros contactos relacionales de nuestra vida nada tuvo que ver nuestra elección o preferencias: eso lo decidieron por nosotros. En esos espacios puede que tuvieras la suerte de coincidir con otros niños muy afines a ti, con los que te llevabas muy bien naturalmente, incluso puede que en la actualidad sigan siendo tus amigos. Pero también es posible que no sea así y no hay absolutamente nada de malo en eso.

NO BASTA CON TENER AMIGOS; ES VITAL QUE SEAN BUENOS AMIGOS.

Pero al madurar, tu capacidad de elegir amistades se amplía. Aunque la escuela, la iglesia o las redes sociales siguen siendo espacios clave para socializar, cuando termina la niñez ya no estás limitado a quien tienes cerca, y eso abre un mundo de posibilidades.

EN ESTA ETAPA, LA ELECCIÓN DE AMISTADES SE CONVIERTE EN PARTE DE TU DESARROLLO PERSONAL.

Empiezas a conectar con otros cuando sienten lo mismo que tú, comparten tus gustos, creen en cosas parecidas y tienen una personalidad que encaja con la tuya. Y cuando eso pasa, todo cambia.

Entonces, no basta con tener amigos; es vital que sean buenos amigos.

De hecho, el siguiente proverbio lo dice sin rodeos y en pocas palabras te lo deja clarísimo:

**QUIEN CON SABIOS ANDA A PENSAR APRENDE;
QUIEN CON TONTOS SE JUNTA ACABA EN LA RUINA.
—PROVERBIOS 13:20 TLA**

is not a superficial act; it's a strategic decision for your life and your future!

Take your time and think carefully about who you surround yourself with. Don't rush to put your trust in just anyone, because those relationships can set the course of your life.

That's how important this is. Choose with intention. Look for people who push you toward your dreams, who share your values, and who inspire you to connect with what truly matters.

EXERCISE – THE CHALLENGE OF 5

INSTRUCTIONS:

In the table, write down the names of your closest circle. Then, answer these questions about each one:

- Do they motivate me to be better?
- Do we share principles and values?
- Do they keep me away from bad decisions?
- Do they support me in my dreams and goals?
- Are they a good example for me?

REFLECT:

If more than half of your answers are NO, it may be time to evaluate who you are allowing to influence your life.

¿Te das cuenta? No está hablando de tener preferencias superficiales, sino de una verdad profunda: las personas que más cerca tienes pueden moldear quién eres. Todo lo que hacen o dicen puede empezar a influir en ti para bien o para mal.

Como alguien dijo: "Los amigos escogidos sin pensar pueden convertirse en un problema". Por eso, elegir bien a tus amigos no es un acto superficial, ¡es una decisión estratégica para tu vida y tu futuro!

Tómate tu tiempo y piensa bien con quién te rodeas, no te apresures a depositar tu confianza en cualquiera porque esas relaciones pueden marcar el rumbo de tu vida.

Así de importante es. Elige con intención. Busca personas que te impulsen hacia tus sueños, que compartan tus valores y que te inspiren a conectar con lo que realmente importa.

EJERCICIO - EL RETO DE LOS 5

INSTRUCCIONES:

En la tabla escribe los nombres de tu círculo más cercano. Luego, responde estas preguntas sobre cada uno:

- ¿Me motiva a ser mejor?
- ¿Compartimos principios y valores?
- ¿Me aleja de malas decisiones?
- ¿Me apoya en mis sueños y metas?
- ¿Es un buen ejemplo para mí?

TOP 5

REFLEXIONA:

Si más de la mitad de las respuestas son NO, cuizá sea momento de evaluar a quiénes estás permitiendo influir en tu vida.

PART II: ENEMIES OF FRIENDSHIP

PARTE II: ENEMIGOS DE LA AMISTAD

WHAT REALLY STRENGTHENS A FRIENDSHIP IS NOT AVOIDING CONFLICT, BUT KNOWING HOW TO RESOLVE IT WITH EMPATHY AND HONESTY.

LO QUE REALMENTE FORTALECE UNA AMISTAD NO ES EVITAR EL CONFLICTO, SINO SABER RESOLVERLO CON EMPATÍA Y HONESTIDAD.

CHAPTER 4

DISAGREEMENTS

UNLOCKED FRIENDSHIP

I've never liked conflicts. I'm more the type to go with the flow and let things slide. In general, that had worked for me—until today.

Remember Teo? That "friend" who didn't defend me when his buddies made fun of my basketball skills? I know my technique leaves much to be desired, but I'm passionate...

We hadn't spoken since that incident last summer and, to be honest, I was relieved to hear his parents had enrolled him in another school. But today... he showed up. Just like that, right in the middle of practice.

I was left speechless when Mr. Tom introduced him as the team's new shooter. What? Seriously? Why him? Why now? I've been training for months and still haven't been given a chance.

Teo looked at me with that "all good" face. What nerve! I didn't even know how to react, so I just turned the other way. I hope he notices my indifference.

Practice ended, and I tried to leave as fast as I could, but Max grabbed my shoulder and stopped me.

—Bro, you have to meet Teo. He's just incredible —he said enthusiastically.

CAPÍTULO 4

DESACUER-DOS

AMISTAD DESBLOQUEADA

Nunca me han gustado los conflictos. Soy más del tipo de ir con la corriente y dejar que las cosas fluyan. En general, eso había funcionado para mi hasta el día de hoy.

¿Recuerdan a Teo? Aquel "amigo" que no me defendió cuando sus amigos se burlaron de mis habilidades en el básquetbol. Sé que mi técnica deja mucho a desear, pero soy apasionado...

No nos habíamos hablado desde aquel incidente el verano pasado y, para ser honesto, me alivió saber que sus papás lo habían inscrito en otra escuela. Pero hoy... apareció. Así de la nada, justo cuando estábamos en pleno entrenamiento.

Me quedé con la boca abierta cuando el profesor Tom lo presentó como el nuevo tirador del equipo. ¿Qué?, ¿De verdad?, ¿Por qué él? *¿Por qué ahora?* Yo tengo meses entrenando y todavía no me han dado la oportunidad.

Teo me miró con esa cara de 'todo bien' ¡Qué cinismo! Yo no supe cómo reaccionar, así que simplemente miré hacia otro lado. *Espero que note mi indiferencia.*

El entrenamiento terminó, intenté irme lo más rápido que pude pero Max me tomó del hombro y me detuvo.

—The one who's really incredible is my great friend Zack —said Teo as he walked over and gave me a jab in the ribs, like he always used to with his joking style. But this time, I didn't laugh.

—Yeah, nice to see you Teo... but I've got something urgent to do —I replied as I hurried off.

I couldn't believe this was happening. I finally had a spot and a group of cool friends, and Teo had to ruin it all, just like he ruined our friendship.

I was walking to class when I got a text message:

Teo: —Bro, what's going on with you? I thought you'd be excited to know we'll be together again. We need to talk.

I didn't even want to answer that message. Obviously, he knows what happened, but he won't admit it. So I ignored him again. The rest of the day went by, then another, and another, until I couldn't avoid him anymore: we bumped into each other in the hallway, but this time he was with Lola and Chloe. I knew I couldn't ignore him with them there—it would make me look like a fool.

—Zack, you've been avoiding me —Teo said directly—. I want to know why. Nothing excited me more than coming back to school with you, and now that you know Lola... this place is going to be epic!

I looked at him, unable to hold it in anymore:

—Do you really not know why I'm upset? Last summer your team made fun of me. I expected you, as my friend, to say something. But you didn't. You let me down.

Lola jumped in, gentle but firm:

—It's tough when friends don't act the way you expect, right? But it's also true that we can fix things.

—Bro, tienes que conocer a Teo. Es simplemente increíble —dijo con entusiasmo.

—Quien es realmente increíble es mi gran amigo Zack —dijo Teo mientras se acercaba a mí y me dio un codazo en las costillas, como solía hacerlo con su estilo bromista. Pero esta vez no me dio risa.

—Sí, qué bueno verte Teo... pero tengo algo urgente que hacer —le contesté mientras salí apresurado.

No creía que esto estuviera pasando. Por fin tenía un lugar y un grupo de amigos *cool*, y Teo tenía que arruinarlo todo, igual que nuestra amistad.

Caminaba hacia el salón de clases cuando recibí un mensaje de texto

Teo: —Bro, ¿qué te está pasando? Pensé que te emocionaría saber que estaremos juntos de nuevo. Tenemos que hablar

No quiero ni responder ese mensaje. Obviamente él sabe lo que pasó, pero no quiere admitirlo. Así que lo ignoré de nuevo. Así transcurrió el resto del día, y otro, y otro, hasta que no pude evitarlo más: nos topamos en el pasillo, pero esta vez él iba con Lola y Cloe. Sabía que no podía ignorarlo con ellas ahí, me haría ver como un tonto.

—Zack, me has estado evitando —dijo Teo directamente—. Quiero saber por qué. Nada me emocionaba más que regresar a clases contigo, y ahora que conoces a Lola... ¡este lugar será épico!

Lo miré, sin poder guardármelo más:

—¿De verdad no sabes por qué estoy molesto? El verano pasado tu equipo se burló de mí. Yo esperaba que, como mi amigo, dijeras algo. Pero no lo hiciste. Me decepcionaste.

Lola's words hit me like a bucket of cold water. Of course! I haven't been a good friend to her lately either.

I realized something: many times we hurt our friends without even noticing it. I should've talked to Teo about it from the start. I hope we can make up for lost time.

INTRO FRIENDS, BUT IT'S NOT ALWAYS EASY

Believing that there's a friendship where problems never exist would be unrealistic.

All friendships go through disagreements, misunderstandings, and difficulties—to a greater or lesser degree.

Knowing how to navigate the challenges that naturally come with friendship isn't always easy, but it's part of building authentic relationships.

Think about it this way: even in the best friend groups, there's always some drama. No matter how well you get along, at some point tensions, anger, or misunderstandings will show up. And that's completely normal! Because when you share time, emotions, and experiences with other people, you also expose yourself to thinking differently, feeling hurt, or clashing over something silly. That's real life.

ALL FRIENDSHIPS GO THROUGH DISAGREEMENTS, MISUNDERSTANDINGS, AND DIFFICULTIES— TO A GREATER OR LESSER DEGREE.

Lola intervino, suave pero firme:

–Qué duro cuando los amigos no actúan como esperas, ¿no? Pero también es cierto que podemos arreglar las cosas.

Las palabras de Lola me cayeron como balde de agua fría ¡Claro! Yo tampoco he sido buen amigo con ella últimamente.

Me di cuenta de una cosa: muchas veces herimos a nuestros amigos sin notarlo. Debí haberlo hablado con Teo desde el inicio, espero podamos recuperar el tiempo perdido.

INTRO AMIGOS, PERO NO SIEMPRE ES FÁCIL

Creer que existe una amistad donde nunca hay problemas sería poco realista.

Todas las amistades atraviesan por desacuerdos, malentendidos y dificultades, en un mayor o menor grado. Saber cómo atravesar los desafíos propios de la amistad es una tarea que para algunos no resulta fácil, pero que es parte de desarrollar relaciones auténticas.

TODAS LAS AMISTADES ATRAVIESAN POR DESACUERDOS, MALENTENDIDOS Y DIFICULTADES, EN UN MAYOR O MENOR GRADO.

Piénsalo así: incluso en los mejores grupos de amigos siempre hay algo de drama. No importa qué tan bien se lleven, en algún momento surgen roces, enojos o malentendidos. ¡Es completamente normal! Porque cuando compartes tiempo, emociones y experiencias con otras

Sometimes we argue over meaningless things, like not answering a text, choosing which movie to watch, or which sports team is the best. But other times, conflicts can run deeper, to the point where we even wonder if the friendship itself should continue or change.

So get ready—because in this chapter we're going to talk about how to resolve conflicts, when it's worth fighting for a friendship, and when it's time to let go.

WHEN IDEAS CLASH

Having disagreements is not bad. We all think differently, and at times our ideas may clash... we are not always going to agree on everything. What would be a mistake is not knowing how to handle disagreements in a healthy way.

WE ALL THINK DIFFERENTLY, AND AT TIMES OUR IDEAS MAY CLASH... WE ARE NOT ALWAYS GOING TO AGREE ON EVERYTHING.

It is very important to understand that conflicts are not the end of the world, but opportunities to grow, learn to listen, forgive, and build stronger bonds. If we learn to face problems with maturity, respect, and empathy, our friendships can even become stronger after having gone through something like this.

Now then, we all react differently when there's tension. Some get intense, others freeze, others explode... and others simply disappear.

personas, también te expones a pensar distinto, sentirte herido o chocar por alguna tontería. Así es la vida real.

A veces discutimos por cosas sin sentido, como no responder un mensaje, elegir qué película ver o cuál es el mejor equipo deportivo. Pero otras veces, los conflictos pueden ser más profundos donde incluso nos llegamos a plantear si la amistad va a cambiar de estatus.

Prepárate, porque en este capítulo hablaremos de cómo resolver conflictos, cuándo vale la pena luchar por una amistad y cuándo es momento de soltar.

CUANDO LAS IDEAS CHOCAN

Tener desacuerdos no está mal. Todos pensamos diferente y en ocasiones nuestras ideas pueden chocar... no siempre vamos a estar de acuerdo en todo. Lo que sí sería un error es no saber manejar los desacuerdos de forma saludable.

TODOS PENSAMOS DIFERENTE Y EN OCASIONES NUESTRAS IDEAS PUEDEN CHOCAR... NO SIEMPRE VAMOS A ESTAR DE ACUERDO EN TODO.

Es muy importante entender que los conflictos no son el fin del mundo, sino oportunidades para crecer, aprender a escuchar, perdonar y construir lazos más fuertes. Si aprendemos a enfrentar los problemas con madurez, respeto y empatía, nuestras amistades pueden volverse incluso más sólidas después de haber pasado por algo así.

IGNORING PROBLEMS DOESN'T MAKE THEM DISAPPEAR.

To better understand these reactions, imagine that, during a conflict, the way someone acts is reflected in one of these text message styles:

- **The one who leaves you on read:** This is the person who knows something is wrong, but says nothing and prefers to avoid conflict, as if problems were a math assignment they want to dodge, and when it comes to a disagreement, they just leave you on read. But ignoring problems doesn't make them disappear... it's like putting a Band-Aid on a fracture: sooner or later, it's going to hurt more.
- **The unfiltered audio:** The one who sends a single endless voice note, saying everything they feel, think, and complain about all at once. They speak without a filter and, although sometimes they're right, they do it with such intensity that it ends up hurting more than helping.
- **The eternal draft...** *[Typing message...]***:** Thinks, reflects, analyzes... but doesn't act. They go over the ideal conversation in their head a thousand times, but never actually have it. Meanwhile, the problem is still there, growing like an unsaved file.
- **The sarcastic emoji:** Doesn't say what they feel, but sends indirect hints, memes, or double-meaning phrases. The problem is still there... but with more confusion.
- **The one who writes 'Shall we talk?':** They are direct but kind. They seek to resolve with empathy, listen with respect, and value friendship more than pride. They express themselves calmly, without ignoring the problem or attacking

Ahora bien, todos reaccionamos distinto cuando hay tensión. Algunos se ponen intensos, otros se congelan, otros explotan... y otros simplemente desaparecen.

Para entender mejor estas reacciones, imagina que, durante un conflicto la forma en que alguien actúa se refleja en uno de estos estilos de mensaje de texto:

IGNORAR LOS PROBLEMAS NO HACE QUE DESAPAREZCAN.

- **El que deja en visto:**
  Es quien sabe que algo está mal, pero no dice nada y prefiere evitar el conflicto, como si los problemas fueran una tarea de matemáticas que quiere esquivar y cuando se trata un tema relacionado con el desacuerdo solo lo deja en visto. Pero ignorar los problemas no hace que desaparezcan... es como ponerle una Curita a una fractura: tarde o temprano, va a doler más.
- **El audio sin filtro:** El que manda un solo audio eterno, diciendo todo lo que siente, piensa y reclama de una sola vez. Habla sin filtro y, aunque a veces tiene razón, lo hace con tanta intensidad que termina hiriendo más que ayudando.
- **El borrador eterno...** *[Escribiendo mensaje...]***:** Piensa, reflexiona, analiza... pero no actúa. Le da mil vueltas a la conversación ideal en su cabeza, pero nunca la concreta. Y mientras tanto, el problema sigue ahí, creciendo como archivo sin respaldo.
- **El emoji sarcástico:** No dice lo que siente, pero manda indirectas, memes o frases con doble sentido. El problema sigue ahí... pero con más confusión.

the other. They speak with clarity and respect, wanting to understand and be understood. They don't run away, they don't explode, they negotiate peace!

IN THE END, WHAT REALLY STRENGTHENS A FRIENDSHIP IS NOT AVOIDING CONFLICT, BUT KNOWING HOW TO RESOLVE IT WITH EMPATHY AND HONESTY.

We've all been one of these at some point. What's important is learning to become that last version: the one who chooses dialogue with humility and prefers to take care of the relationship, even in the middle of conflict.

In summary, having different points of view is not something negative. On the contrary, sometimes your friends teach you to see the world from another perspective. And although it's comfortable to get along with people who think like you, it's also super enriching to have around those who challenge you, push you, or simply show you other ways of seeing life (and of listening to music, by the way).

In the end, what really strengthens a friendship is not avoiding conflict, but knowing how to resolve it with empathy and honesty.

- **El que pone '¿Hablamos?':** Es directo pero amable. Busca resolver con empatía, escucha con respeto y **valora la amistad más que el orgullo.** Se expresa con calma, sin ignorar el problema ni atacar al otro. Habla con claridad y respeto, quiere entender y ser entendido. No huye, no explota, ¡negocia la paz!

Todos hemos sido uno de estos en algún momento. Lo importante es aprender a convertirnos en esa última versión: la que elige el diálogo con humildad y prefiere cuidar la relación, incluso en medio del conflicto.

En resumen, tener diferentes puntos de vista no es algo negativo. Al contrario, a veces tus amigos te enseñan a ver el mundo desde otra perspectiva. Y aunque es cómodo llevarse con gente que piensa como tú, también es súper enriquecedor tener cerca a quienes te desafían, te retan o simplemente te muestran otras formas de ver la vida (y de escuchar música, por cierto).

Al final, lo que realmente fortalece una amistad no es evitar el conflicto, sino saber resolverlo con empatía y honestidad.

AL FINAL, LO QUE REALMENTE FORTALECE UNA AMISTAD NO ES EVITAR EL CONFLICTO, SINO SABER RESOLVERLO CON EMPATÍA Y HONESTIDAD.

SPEAKING FACE TO FACE

Although, as we saw, it is natural to have different points of view and opinions, in a genuine friendship we can communicate without fear, without violence, and with sincerity.

Because an authentic friendship is not based on pretending that everything is fine, but on being able to say what we think and feel, even when that means being honest and correcting each other.

This proverb goes straight to the point:

"WOUNDS FROM A FRIEND CAN BE TRUSTED, BUT AN ENEMY MULTIPLIES KISSES."
—PROVERBS 27:6 NIV

HABLANDO DE FRENTE

Aunque, como vimos, es natural tener diferentes puntos de vista y opiniones, en una amistad genuina podemos comunicarnos sin miedo, sin violencia, y con sinceridad.

Porque una amistad auténtica no se basa en fingir que todo está bien, sino en **poder decir lo que pensamos y sentimos**, incluso cuando eso implica ser honestos y corregirnos mutuamente.

Este proverbio va directo al punto:

Quien de veras te ama

te reprenderá abiertamente.

Más te quiere tu amigo cuando te hiere [confronta]

que tu enemigo cuando te besa [halaga].

–Proverbios 27:5-6 TLA, agregados de los autores

Los amigos que más te quieren son los que no temen decirte la verdad, aunque a veces duela.

Esto significa que un verdadero amigo no evita decirte la verdad por miedo a lastimarte, sino que se preocupa por tu bienestar y crecimiento, aunque a veces eso implique un poquito de malestar momentáneo. En cambio, alguien que solo te dice cosas bonitas pero no te ayuda a mejorar no está realmente viendo por ti.

En la amistad, la comunicación franca y cariñosa es clave para fortalecer el vínculo y crecer juntos. Claro que no siempre es fácil, porque requiere valor, respeto y empatía. Pero el resultado vale la pena: amigos que se apoyan, se corrigen y se impulsan mutuamente a ser mejores personas.

The friends who love you most are the ones who are not afraid to tell you the truth, even if it sometimes hurts.

This means that a true friend doesn't avoid telling you the truth out of fear of hurting you, but cares about your well-being and growth, even if that sometimes means a bit of momentary discomfort. On the other hand, someone who only tells you nice things but doesn't help you improve is not really looking out for you.

In friendship, honest and caring communication is key to strengthening the bond and growing together. Of course, it is not always easy, because it requires courage, respect, and empathy. But the result is worth it: friends who support each other, correct each other, and encourage each other to become better people.

Friends are people who tell you what you truly need to hear.

So, the next time you have to say something difficult to a friend, remember that doing it with love is the best way to show that you really care.

THE SUPERPOWER OF FORGIVENESS

In the face of disagreements, misunderstandings, and anger in our friendships, forgiveness becomes our greatest strength to heal and rebuild.

When a friendship suffers, when there's a mistake, things were said that shouldn't have been said, or there's a disappointment, that relationship changes. Just like when we fall off a bike and scrape ourselves, leaving a wound that requires care to heal and later becomes a scar, our friendships sometimes get "scraped." But if we care for them and heal them properly, after some time, the wound will close.

Los amigos son personas que te dicen lo que en verdad necesitas escuchar.

Así que, la próxima vez que tengas que decir algo difícil a un amigo, recuerda que hacerlo con amor es la mejor manera de demostrar que te importa de verdad.

EL SUPERPODER DEL PERDÓN

Frente a los desacuerdos, malentendidos y enojos en nuestras amistades, el perdón se convierte en nuestra mayor fuerza para sanar y reconstruir.

Cuando una amistad sufre, cuando hay un error, se dijeron cosas que no se tenían que decir o hay una decepción, esa relación se transforma. Así como cuando nos caemos de la bicicleta y nos raspamos queda una herida que requiere de cuidado para sanar y luego queda una cicatriz, nuestras amistades a veces se "raspan", pero si las cuidamos y sanamos debidamente, después de un tiempo la herida se cerrará.

En la reparación de los conflictos, el cuidado adecuado viene del perdón, que básicamente es soltar el enojo para que no te siga lastimando por dentro. Es como quitarte una mochila pesada del corazón.

Cuando perdonas, decides no quedarte atrapado en el dolor ni dejar que lo que pasó controle tus emociones.

Mira lo que dice este proverbio, que parece escrito justo para esos momentos en los que necesitamos recordar las bondades del perdón.

In the repair of conflicts, proper care comes through forgiveness, which is basically letting go of anger so it doesn't keep hurting you inside. It's like taking a heavy backpack off your heart.

When you forgive, you decide not to stay trapped in the pain nor let what happened control your emotions.

Look at what this proverb says, which seems written precisely for those moments when we need to remember the goodness of forgiveness:

"WHOEVER WOULD FOSTER LOVE COVERS OVER AN OFFENSE, BUT WHOEVER REPEATS THE MATTER SEPARATES CLOSE FRIENDS."
—PROVERBS 17:9 NIV

WHEN YOU CHOOSE TO FORGIVE, YOU ARE PROTECTING THAT SPECIAL BOND, GIVING ROOM TO GROW AND HEAL.

This means that if you keep turning over what hurt or upset you, you'll end up pushing away even your closest friends. On the contrary, when you choose to forgive, you are protecting that special bond, giving room to grow and heal.

Sometimes forgiveness takes time, and that's okay. It's not always easy, but it helps you heal.

On the other hand, when you're the one who has to ask for forgiveness —and that really is difficult— the essential requirement is to set aside the ego and pride that keep us from admitting we made a mistake.

CUANDO SE PERDONA UNA FALTA, EL AMOR FLORECE, PERO MANTENERLA PRESENTE SEPARA A LOS AMIGOS ÍNTIMOS. —PROVERBIOS 17:9

CUANDO ELIGES PERDONAR, ESTÁS PROTEGIENDO ESE VÍNCULO ESPECIAL, DANDO ESPACIO PARA CRECER Y SANAR.

Esto significa que si te quedas dando vueltas en lo que te dolió o disgustó, terminarás alejando incluso a tus mejores amigos. Por el contrario, **cuando eliges perdonar, estás protegiendo ese vínculo especial, dando espacio para crecer y sanar.**

A veces perdonar toma tiempo, y está bien. No siempre es fácil, pero te ayuda a sanar.

Por otro lado, cuando tú eres el que tiene que pedir perdón –eso sí que es difícil–, el requisito indispensable es dejar de un lado el ego y el orgullo que nos impide aceptar que cometimos un error.

El perdón es mucho más que una palabra; es una decisión valiente que pone el bienestar de la amistad por encima del orgullo y el ego. Por eso, aprender a perdonar y a pedir perdón es fundamental para construir amistades fuertes, sinceras y duraderas.

Forgiveness is much more than a word; it is a brave decision that puts the well-being of friendship above pride and ego. That's why learning to forgive and to ask for forgiveness is fundamental to building strong, sincere, and lasting friendships.

DYNAMIC – THE SANDWICH TECHNIQUE

Instructions: Have you ever wanted to tell a friend something important, but you fear they might get angry or offended? The sandwich technique is a simple way to do it without the conversation turning into a fight.

Top slice: Start with a compliment or something positive; it doesn't have to be fake or forced, but something good that you truly value about the person. This helps your friend feel appreciated.

The "filling" of the sandwich: Express what bothers you or what you'd like to change, but in a clear and respectful way. Always talk about the situation or the attitude that bothers you. Speak from your perspective, and never attack the person by labeling them.

Bottom slice: End with another compliment or expression of appreciation. This way, you reaffirm how much you value the friendship and that your intention is to improve it, not harm it.

Reflect: When we combine honesty with kindness and give the other person space to listen without feeling attacked, we can resolve conflicts in the best way.

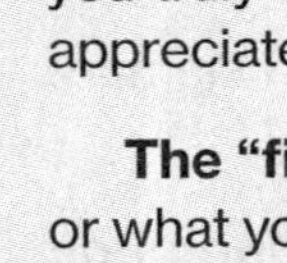

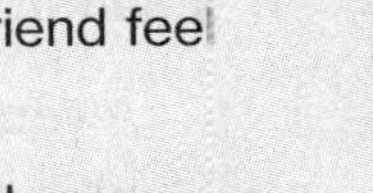

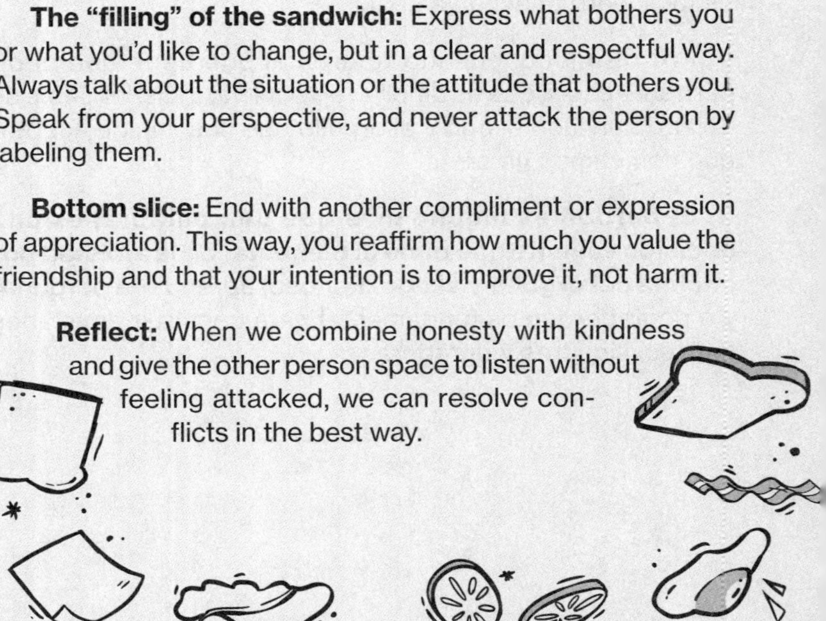

DINÁMICA - TÉCNICA DEL SANDWICH

Instrucciones: ¿Alguna vez has querido decirle algo importante a un amigo, pero temes que se enoje o se ofenda? La técnica del sándwich es una forma sencilla de hacerlo sin que la conversación se vuelva una pelea.

Tapa de arriba: Empieza con un cumplido o algo positivo; no tiene que ser algo falso o fingido, sino algo bueno que de veras valoras de la persona. Esto ayuda a que tu amigo se sienta valorado.

Try the "sandwich" the next time you need to talk about something difficult with a friend, and you'll see how things can go better than you expected.

El "relleno" del sándwich: Expresa lo que te molesta o lo que quieres cambiar, pero de forma clara y respetuosa. Siempre habla sobre la situación o la actitud que te molesta. Habla de tu perspectiva, y nunca ataques a la persona poniendo etiquetas.

Tapa de abajo: Termina con otro cumplido o valoración. Así reafirmas lo mucho que valoras la amistad y que tu intención es mejorarla, no dañarla.

Reflexiona: Cuando combinamos la honestidad con cariño y le damos a la otra persona espacio para escuchar sin sentirse atacada, podemos resolver conflictos de la mejor manera.

Prueba "el sándwich" la próxima vez que necesites hablar algo difícil con un amigo, y verás cómo las cosas pueden ir mejor de lo que esperabas.

CHAPTER 5

SOCIAL MEDIA

LIKE, COMMENT... IGNORE ME

My birthday is coming up and things couldn't be better. Teo's arrival united the best of both worlds; now Lola and Cloe are part of our group. We're inseparable!

Seriously, not just at school: we play online, we have our shared playlist, we even made our own streaming channel called "Nerd-Space"! That last one was Cloe's idea; she loves editing videos and her humor is phenomenal.

Max has really taken seriously being the "nemesis of the show," always trolling us. But that's okay, I think it attracts another kind of audience; where there are fans, there must always be haters.

After Donutgate and the boom of our channel, my followers on social media skyrocketed. Sometimes I don't even have enough free time to reply to all the messages or share enough of my life, which apparently has now become more interesting.

I was just responding to comments on our latest video when Lola came over, talking non-stop about who knows what. Her energy overwhelmed me, like she could say a thousand words per minute without breathing.

–Wait, wait. I don't have time for this –I interrupted her.

CAPÍTULO 5

REDES SOCIALES

LIKE, COMMENT... IGNÓRAME

Se acerca mi cumpleaños y las cosas no podrían estar mejor. La llegada de Teo unió lo mejor de dos mundos; ahora Lola y Cloe son parte de nuestro grupo ¡Somos inseparables!

De verdad, no solo en la escuela: jugamos en línea, tenemos nuestro *playlist* compartido, ¡hasta hicimos nuestro propio canal de *streaming* llamado "Espacio-Nerd"! Esto último fue idea de Cloe; le encanta editar videos y su humor es fenomenal.

Max se ha tomado muy en serio ser el "némesis del show", siempre nos está *trolleando*. Pero eso está bien, creo que atrae otro tipo de público; donde hay fans, siempre debe haber *haters*.

Después del *Donutgate* y el boom de nuestro canal, mis seguidores en redes se dispararon. A veces ya no me da el tiempo libre para responder todos los mensajes o compartir lo suficiente de mi vida, que al parecer ahora se ha vuelto interesante.

Justo me encontraba respondiendo comentarios en nuestro último video cuando Lola se acercó, estaba hablando sin parar de quién sabe qué. Su energía me abrumó, es como si ella pudiera decir mil palabras por minuto y sin respirar.

–Are you serious, Zack? –Lola said, staring at me so intensely it felt like she could cut through me with a laser– What could be more important than listening to me? It's been a while since we really talked... I miss us just being a couple of nerds playing or making up songs.

–I know, Lola, and I'm sorry. I just think we need to start growing up.

–Growing up? What are you, a mango or an apple? –Lola burst out laughing.

–It's not funny –I answered– That's what I mean, those jokes are childish.

–Ugh! You must have read those comments from the haters. Zack, don't pay attention to them. They don't know you.

–I know –I whispered, lowering my head–. But what if they've already figured it out?

–Figured out what?

–That I'm not interesting at all. That behind the filters, the videos, the playlists... I'm little more than ordinary.

Strangely, Lola stayed silent for a few seconds. Then she sat beside me and said, more calmly:

–Do you know what's interesting about you, Zack? That you don't pretend to be someone else. That you listen to others, even if sometimes you take your time. That you're genuine. And that's worth more than a thousand subscribers.

I stayed quiet. Cloe joined us shortly after, as if she could sense something was going on.

–Impostor syndrome again, Captain Nerd? –she said, smiling– Welcome to the club!

–Espera, espera. No tengo tiempo para esto –la interrumpí.

–¿Es en serio Zack? –me dijo Lola mirándome tan fijamente que parecía que me atravesaría con un láser–¿Qué puede ser más importante que escucharme? Hace tiempo que no charlamos... extraño que seamos solo un par de *nerds* jugando o inventando canciones.

–Lo sé Lola, y lo siento. Solo creo que debemos comenzar a madurar.

–¿Madurar? ¿Acaso eres un mango o una manzana? –dijo Lola a carcajadas.

–No es gracioso –contesté –A eso me refiero, esas bromas son infantiles.

–¡Agh! Seguro ya leíste los comentarios de esos *haters*. Zack, no les prestes atención. Ellos no te conocen.

The three of us laughed. A little nervous. A little relieved.

That night I uploaded a short video. Just me, no editing, no effects:

"Hey... I'm Zack. Sometimes I feel invisible among so many likes. Sometimes, I don't even know who I am among so many comments. But today I remembered something important: the most valuable thing isn't what we show, but who's there when we turn off the camera. Thanks for following, but even more thanks for being real friends."

It didn't go viral.

And that was perfect.

INTRO SUPERFICIAL MODE ACTIVATED

We live in a world where it's easier than ever to be "connected" all the time.

TODAY, AMONG SO MANY CHATS, EMOJIS, AND LIKES, SOMETHING IMPORTANT IS BEING LOST: DEPTH.

Today we can talk with someone on the other side of the world, react to a story in seconds, or meet new people without leaving our room. And yes, that has many advantages.

But there's something we don't always see: social media can also change the way we live out friendship... and not always for

—Lo sé —susurré agachando la cabeza —. Pero, ¿y si ellos ya lo descubrieron?

—¿Descubrieron qué?

—Que no soy nada interesante. Que detrás de los filtros, los videos, los playlists... soy poco menos que común.

Extrañamente, Lola se quedó callada unos segundos. Luego se sentó a mi lado y dijo, más tranquila:

—¿Sabes qué es lo interesante de ti, Zack? Que no finges ser alguien más. Que escuchas a los demás, aunque a veces tardes. Que eres genuino. Y eso vale más que mil suscriptores.

Yo me quedé en silencio. Cloe se unió poco después, como si hubiera sentido que algo pasaba.

—¿Otra vez el Síndrome del impostor, Capitán Nerd? —dijo sonriendo—. ¡Bienvenido al club!

Los tres nos echamos a reír. Un poco nerviosos. Un poco aliviados.

Esa noche subí un video corto. Solo yo, sin edición, sin efectos:

'Hey... soy Zack. A veces me siento invisible entre tantos likes. A veces, ni yo sé quién soy entre tantos comentarios. Pero hoy recordé algo importante: lo más valioso no es lo que mostramos, sino quiénes están ahí cuando apagamos la cámara. Gracias por seguir, pero más gracias por ser amigos reales'.

No se hizo viral.

Y estuvo perfecto así.

the better. Sometimes it seems like it connects us more easily, but could it be that it's also making it more superficial?

Today communication is fast: short messages, reactions, emojis, memes; they're fun, but if we only build connection that way, we miss the chance to go deeper. A friendship needs space to talk about what really matters, not just a "haha" in the chat.

Today, among so many chats, emojis, and likes, something important is being lost: depth.

Have you ever felt that, even though you have hundreds of contacts, most of them don't really know you? Social media can fill you with instant connections, but deep friendship is built with time, trust, and sincere conversations, not just with follows or likes.

Amid so much digital noise, it's easy to confuse the superficial with what's valuable, the immediate with what lasts. This chapter isn't about telling you that social media is bad, but about helping you see what you may not have noticed: a digital connection does not always mean a real friendship.

REACT, RESPOND, SHARE

Having friendships on social media seems simple: you follow someone, react to their stories, leave a comment and boom! there's "connection." But over time, you realize not everything is that simple. Behind the screen there's a silent dynamic that—without noticing—can wear down a good friendship.

It's as if there were invisible rules guiding many digital friendships: if you don't like their photos, if you take too long to reply, if you don't watch their stories... something breaks. As if friendship were worth more for what you do online than for what you live face to face.

INTRO MODO SUPERFICIAL ACTIVADO

Vivimos en un mundo donde es más fácil que nunca estar "conectados" todo el tiempo.

Hoy podemos hablar con alguien al otro lado del mundo, reaccionar a una historia en segundos o conocer personas nuevas sin salir de la habitación. Y sí, eso tiene muchas ventajas.

Pero hay algo que no siempre vemos: las redes sociales también pueden cambiar la forma en que vivimos la amistad... y no siempre para bien. A veces parece que nos conectan más fácil, pero **¿no será que también la están volviendo más superficial?**

Hoy la comunicación es rápida: mensajes cortos, reacciones, emojis, memes; son divertidos, pero si solo entablamos conexión de esa forma, perdemos la oportunidad de ir más allá. Una amistad necesita espacio para hablar de lo que importa, no solo un *'jajaja'* en el chat.

Hoy entre tantos chats, emojis y likes, algo importante se está perdiendo: la profundidad.

¿Alguna vez has sentido que, aunque tienes cientos de contactos, la mayoría de ellos no te conocen realmente? Las redes pueden llenarte de conexiones inmediatas, pero la amistad profunda se construye con tiempo, confianza y conversaciones sinceras, no solo con *follows* o *likes*.

En medio de tanto ruido digital, es fácil confundir lo superficial con lo valioso, lo inmediato con lo duradero. Este capítulo no se trata de decirte que las redes son malas, sino de ayudarte a ver lo que tal vez no habías notado: una conexión digital no siempre significa una amistad real.

TRUE FRIENDSHIP DOES NOT DEPEND ON LIKES OR REACTIONS, BUT ON GENUINE CONNECTION AND MUTUAL SUPPORT.

And then there are misunderstandings. Without seeing the other person's face or hearing their voice, what was a joke can sound like a complaint, and something neutral can seem cold or rude. And of course, if someone "leaves you on read" or you don't reply right away, everything already feels uncomfortable (sometimes you didn't even mean to end the conversation, you were just tired, busy... or not in the right headspace to keep talking).

Online, today you can walk away from someone without saying a single word (a.k.a. ghosting), without giving explanations, without closure... and even if it seems normal, it hurts. Because when you're the one left on the other side, you're left with a thousand questions, wondering if you did something wrong, even if you didn't.

In the end, we all want genuine friendships. Connections that don't depend on wifi, that aren't broken by a misunderstanding. Friendships built with truth, patience, and respect.

True friendship does not depend on likes or reactions, but on genuine connection and mutual support.

Caring for our friendships means putting heart into every connection, whether it's behind a screen or face-to-face. Being intentional, clear, respectful, because what you do online also says a lot about what kind of friend you are... even when no one is watching.

REACCIONAR, RESPONDER, COMPARTIR

LA VERDADERA AMISTAD NO DEPENDE DE LIKES NI REACCIONES, SINO DE LA CONEXIÓN GENUINA Y APOYO MUTUO.

Tener amistades en redes sociales parece cosa sencilla: sigues a alguien, reaccionas a sus historias, dejas un comentario y ¡boom! ya hay "conexión". Pero con el tiempo, te das cuenta de que no todo es tan simple. Detrás de la pantalla hay una dinámica silenciosa que –sin notarlo– puede desgastar una buena amistad.

Es como si existieran unas reglas invisibles que guían muchas de las amistades digitales: si no das *like* a sus fotos, si tardas en contestar, si no ves sus historias... algo se rompe. Como si la amistad valiera más por lo que haces en redes, que por lo que se vive cara a cara.

Y luego están los malentendidos. Sin ver la cara del otro ni escuchar su voz, lo que era una broma puede sonar como reclamo, y algo neutro puede parecer frío o grosero. Y claro, si alguien "te deja en visto" o tú no respondes de inmediato, ya todo se siente incómodo (a veces ni siquiera querías terminar la conversación, solo estabas cansado, ocupado... o no tenías cabeza para seguir hablando).

En redes, hoy puedes alejarte de alguien sin decir una sola palabra (a.k.a. *ghosting*), sin dar explicaciones, sin un cierre. ... y aunque parezca normal, duele. Porque cuando te toca estar del otro lado, te quedas con mil preguntas, pensando si hiciste algo mal, aunque no haya sido así.

HOSTILITY IN SIGHT

SCREENS MAY HIDE FACES, BUT THEY DON'T ERASE THE DAMAGE.

Social media can become dangerous ground for friendships. What began as a space to share and support one another is today a hostile ecosystem filled with criticism, mockery, and fights—either direct or disguised as jokes.

Since when is being funny worth more than being a good person, and being popular worth more than respect? In the following proverb we find a clear warning about what happens when we let attitudes like hostility and gossip grow:

"A PERVERSE PERSON STIRS UP CONFLICT, AND A GOSSIP SEPARATES CLOSE FRIENDS."
—PROVERBS 16:28 NIV

Although behind a screen words may seem less harsh than in person, the damage they cause to the heart is real. A public humiliation, a cruel comment, or exposing something private without consent (a.k.a. doxxing) are deep wounds that can destroy a good friendship. These things don't just hurt the friendship; they shatter it. Because while one person laughs, the other suffers in silence.

Thanks to the anonymity that social media gives us, gossip is more present than ever, with rumors spreading without confirmation, things being said behind someone's back in private groups, false or exaggerated information being shared to draw attention or cause harm.

Al final, todos queremos amistades genuinas. Conexiones que no dependan del wifi, ni que se rompan por un malentendido. Amistades construidas con verdad, paciencia y respeto.

La verdadera amistad no depende de *likes* ni reacciones, sino de la conexión genuina y apoyo mutuo.

Cuidar nuestras amistades significa poner corazón en cada conexión, sin importar si está detrás de una pantalla o frente a nosotros. Ser intencionales, claros, respetuosos, porque lo que haces en redes también dice mucho de qué tan buen amigo eres... incluso cuando nadie está mirando.

HOSTILIDAD A LA VISTA

Las redes pueden convertirse en un terreno peligroso para las amistades. Lo que comenzó como un espacio para compartir y apoyarnos, hoy es un ecosistema hostil que se llena de críticas, burlas y peleas directas o disfrazadas de bromas.

LAS PANTALLAS PUEDEN ESCONDER ROSTROS, PERO NO APAGAN EL DAÑO.

¿Desde cuándo ser gracioso vale más que ser buena persona, y ser popular vale más que el respeto? En el siguiente proverbio encontramos una advertencia clara sobre lo que sucede cuando dejamos que actitudes como la hostilidad y la murmuración crezcan:

**LOS ALBOROTADORES PROVOCAN PELEAS;
LOS CHISMOSOS DESTRUYEN AMISTADES.
—PROVERBIOS 16:28 MSG, TRADUCIDO DEL ORIGINAL EN INGLÉS**

Screens may hide faces, but they don't erase the damage.

Furthermore, hostile behaviors can show up in indirect posts clearly aimed at someone, in private messages that get leaked, or in memes and comments mocking a person without them even knowing. All these forms feed misunderstandings and damage trust between friends.

Trust, which is the foundation of any friendship, is easily lost when there are betrayals and attitudes like these. That's why caring for a true friendship means more than likes or quick messages: it means being kind and respectful, even when no one is watching. It means choosing love and patience instead of hostility.

Friendship needs care in the digital world too. It's not just about not betraying; it's about protecting and speaking up against those who offend.

FACE TO FACE

True friendships need depth, and that is not built with emojis.

We need real conversations, without filters or distractions. Shared laughter and hugs, because human contact has a power no screen can imitate: it generates endorphins in our body that ease anxiety, reduce stress, and strengthen bonds in a way digital contact never can.

This is a great neurobiological phenomenon that gives us a huge clue to something very important: Nothing replaces the warmth, empathy, and emotional security that arises when we share face to face!

Social media can serve as a bridge, but it should not be the final destination. If our whole relational life is limited to

Aunque detrás de una pantalla las palabras puedan parecer menos fuertes que en persona, el daño que causan en el corazón es real. Una humillación pública, un comentario cruel o la exposición de algo privado sin consentimiento (a.k.a. *doxxing*) son heridas profundas que pueden acabar por destruir una buena amistad. Estas cosas no solo dañan la amistad: la destrozan. Porque mientras una parte se ríe, la otra sufre en silencio.

Gracias al anonimato que las redes nos dan, el chisme hoy está más presente que nunca, y se difunden rumores sin confirmar, se comentan cosas a espaldas de alguien en grupos privados, se comparte información falsa o exagerada para llamar la atención o hacer daño.

Las pantallas pueden esconder rostros, pero no apagan el daño.

Además, las conductas hostiles pueden manifestarse en publicaciones indirectas que claramente están dirigidas a alguien, en mensajes privados que se filtran o en memes y comentarios que hacen burla a una persona sin que esta lo sepa. Todas estas formas alimentan malentendidos y dañan la confianza entre amigos.

La confianza, que es la base de cualquier amistad, se pierde fácilmente cuando hay traiciones y actitudes de este tipo. Por eso, cuidar una amistad verdadera implica más que likes o mensajes rápidos: implica ser amables y respetuosos, incluso cuando nadie nos está mirando. Conlleva elegir el amor y la paciencia en lugar de la hostilidad.

UNA CONVERSACIÓN CARA A CARA VALE MÁS QUE MIL TEXTOS MALINTERPRETADOS.

likes and messages, our friendships risk becoming fragile and short-lived.

Amid so much immediacy, superficiality, and the culture of hostility so common in the digital world, it's more vital than ever to go back to face-to-face conversations, to talk about deep things, to show ourselves vulnerable and compassionate, because a face-to-face conversation is worth more than a thousand misinterpreted texts.

That's why, next time you're with someone you care about, put your devices aside. Look them in the eyes, listen attentively, laugh with your whole body. Sometimes, the most valuable thing you can offer is not a quick reply with emojis... but your presence.

Because in the end, no virtual connection can replace what is built when we are truly present. And the friendships most worth having... are cultivated face to face.

DYNAMIC – CONVERSATION STARTERS

INSTRUCTIONS:

Choose a friend, and take turns answering these questions to each other. There are no right or wrong answers. Just listen carefully and respond sincerely.

1. If your life were a movie, what would it be called and why?
2. What superpower would you have if you could choose only one?
3. What is something that makes you feel insecure sometimes? Why?

La amistad necesita cuidado también en lo digital. No se trata solo de no traicionar; se trata de proteger y levantar la voz en contra de los que ofenden.

CARA A CARA

Las amistades verdaderas necesitan profundidad, y eso no se construye con emojis.

Necesitamos conversaciones reales, sin filtros ni distracciones. Risas compartidas y abrazos, porque el contacto humano tiene un poder que ninguna pantalla puede imitar: genera endorfinas en nuestro cuerpo que nos alivia la ansiedad, reduce el estrés y fortalece los lazos de una forma que lo digital no puede lograr.

Este es un gran fenómeno neuro-biológico que nos da la pista a algo importantisimo: **¡Nada sustituye la calidez, empatía y seguridad emocional que surge cuando convivimos cara a cara!**

Las redes sociales pueden servir como puente, pero no deben ser el destino final. Si toda nuestra vida relacional se limita a *likes* y mensajes, nuestras amistades corren el riesgo de volverse frágiles y pasajeras.

Entre tanta inmediatez, superficialidad y cultura de hostilidad que es tan común en el entorno digital, cada vez más resulta vital retomar las conversaciones cara a cara, hablar de cosas profundas, mostrarnos vulnerables y compasivos, porque una conversación cara a cara vale más que mil textos malinterpretados.

Por eso, la próxima vez que estés con alguien que quieres, deja tus dispositivos a un lado. Mira a los ojos, escucha con atención, ríe con el cuerpo entero. A veces, lo más valioso que

4. What is your favorite memory from childhood up to now?
5. What song best describes you lately?
6. If you could change one thing about the world, what would it be?
7. What goal would you like to achieve this year?
8. What do you do when you feel very sad or stressed?
9. What crazy invention would you like to create (even if it doesn't work)?
10. What is something you would like to say to God if He were right in front of you?

puedes ofrecer no es una respuesta rápida con emojis... sino tu presencia.

Porque al final, ninguna conexión virtual puede sustituir lo que se construye cuando estamos realmente presentes. Y las amistades que más valen la pena... se cultivan cara a cara.

DINÁMICA - DISPARADORES DE CONVERSACIÓN

INSTRUCCIONES:

Escoge a un amigo, y hagan turnos para responder estas preguntas uno al otro. No hay respuestas correctas ni incorrectas. Solo escuchen con atención y respondan con sinceridad.

1. Si tu vida fuera una película, ¿cómo se llamaría y por qué?
2. ¿Qué superpoder tendrías si pudieras elegir uno solo?
3. ¿Qué es algo que te hace sentir inseguro a veces? ¿Por qué?
4. ¿Cuál es tu recuerdo favorito de la infancia hasta ahora?
5. ¿Qué canción te describe mejor últimamente?
6. Si pudieras cambiar algo del mundo, ¿qué sería?
7. ¿Qué meta te gustaría lograr este año?
8. ¿Qué haces cuando te sientes muy triste o estresado?
9. ¿Qué invento loco te gustaría crear (aunque no funcione)?
10. ¿Qué es aquello que te gustaría decirle a Dios si lo tuvieras justo enfrente?

REFLECT:

Social media can connect us, but honest conversations truly unite us. When we open our hearts, we make room for friendship to grow and be strengthened. Speaking with depth is a way of loving with intention.

REFLEXIONA:

Las redes pueden conectarnos, pero las conversaciones honestas nos unen de verdad. Cuando abrimos nuestro corazón, hacemos espacio para que la amistad crezca y se fortalezca. Hablar con profundidad es una forma de amar con intención.

CHAPTER 6

TOXIC RELATIONSHIPS

A HERO WITHOUT A CAPE AND WITHOUT FRIENDS?

This week we've had exams, so I haven't been able to spend much time with my real friends: Lola, Teo, and Cloe. On the other hand, Max has been very present; he even came over to my house to study together... Well, I studied and he distracted me with his jokes.

Yesterday, while I was teaching him a silly song I made up to memorize the periodic table, he recorded me without me noticing and uploaded the story to his social media with the title: "NERD."

I didn't realize until he left. When I checked my phone, there were already tons of comments: **"Zack 0 Talent," "HAHA better stick to chemistry, you sing horribly," "What's up with your friend?"**

I know he didn't do it with bad intentions, but I sent him a message:

–Hey, could you delete the video? I don't feel comfortable with that.

–Ok, I didn't know you were so sensitive –Max replied with a crying kitten sticker.

CAPÍTULO 6

RELACIONES TÓXICAS

UN HÉROE SIN CAPA Y ¿SIN AMIGOS?

Esta semana hemos estado en exámenes, así que no he podido estar mucho tiempo con mis reales: Lola, Teo y Cloe. Por otro lado, Max ha estado muy presente, incluso ha venido a mi casa para estudiar juntos... Bueno, yo estudio y él me distrae con sus chistes.

Ayer, mientras le enseñaba una canción tonta que inventé para memorizar la tabla periódica, me grabó sin que yo lo notara y subió la historia en sus redes con el título: 'NERD'.

–Haha, no bro. It's just that I didn't expect you to share that, and I feel uncomfortable.

I didn't hear back from Max, and he didn't delete the video. I hope he didn't take it the wrong way; all night I kept wondering if I was wrong, or if he was right and I really am too sensitive.

The next day, Max showed up like nothing happened. He sat next to me, asked me for a pencil, and didn't mention the subject. The teacher started handing out the exams. Suddenly, Max passed me his smartphone. It was an offensive meme... about Teo, Lola, and Cloe. I didn't know how to react; I froze.

He and his friends laughed quietly, but the teacher saw us and took the device away. He didn't care that I wasn't the one who did it; they sent me to the principal's office and I lost the chance to take the exam. My parents will surely punish me.

I could have told the truth. I could have said it was Max. But I didn't. I guess... that's what friends do, right?

When I left the principal's office, Max and his crew carried me down the hallway like I was a hero. Everyone laughed, clapped, but in the background I saw Lola, Teo, and Cloe. They didn't say anything. They just looked at me... differently. That's when I remembered the meme, the mockery, the punishment. And all that "triumph" stopped making sense. I'm not like that, I don't make fun of my friends, and I don't fail exams either.

Spending so much time with Max is pulling me away from my best friends, and I constantly feel ridiculous when I'm with him. I think that if someone makes me feel like I have to choose between being myself or fitting in, then he's not my friend. This has to change.

No me di cuenta hasta que se fue. Cuando revisé mi celular, ya tenía un montón de comentarios: **'Zack 0 Talento', 'HAHA mejor que se dedique a la química, canta horrible', '¿Qué pasa con tu amigo?'.**

Sé que no lo hizo con mala intención, pero le escribí un mensaje:

—Oye, ¿puedes borrar el video? No me siento cómodo con eso.

—Ok, no sabía que eras tan sensible—respondió Max con un sticker de un gatito llorando.

—HAHA, no bro. Es solo que no esperaba que compartieras eso y me siento incómodo.

Ya no tuve respuesta de Max, y tampoco borró el video. Espero que no lo haya tomado mal; toda la noche estuve pensando si me equivoqué, o si él tenía razón y de veras soy demasiado sensible.

Al día siguiente, Max llegó como si nada. Se sentó junto a mí, me pidió un lápiz y no mencionó el tema. El profesor empezó a repartir los exámenes. De pronto, él me pasó su *smartphone*. Era un meme ofensivo... sobre Teo, Lola y Cloe. No supe cómo reaccionar, me quedé paralizado.

Él y sus amigos se reían bajito, pero el profesor nos vio y me quitó el dispositivo. No les importó que no fui yo quien lo hizo; me mandaron a dirección y perdí la oportunidad de presentar el examen. Mis papás seguro me van a castigar.

Pude haber dicho la verdad. Pude haber dicho que fue Max, pero no lo hice. Supongo que... eso hacen los amigos, ¿no?

Al salir de dirección, Max y su equipo me cargaron por el pasillo como si fuera un héroe. Todos reían, aplaudían, pero al fondo, vi a Lola, Teo y Cloe. No decían nada. Solo me miraban...

INTRO
IF IT HURTS, IT'S NOT FRIENDSHIP

All friendships have good and bad moments. Sometimes there are arguments, misunderstandings, or awkward days. That's normal. But there are certain relationships where the drama never stops: constant gossip, fights, criticism, or uncomfortable silences.

IF A FRIENDSHIP LEAVES YOU FEELING BAD, CONFUSED, OR BETRAYED MOST OF THE TIME... SOMETHING IS NOT RIGHT.

If a friendship leaves you feeling bad, confused, or betrayed most of the time... something is not right.

And yes, there may also be laughter, good memories, and fun moments. But if the bad outweighs the good, it's very likely not a healthy friendship.

It's not normal for a friendship to make you feel guilty for being yourself, or afraid to say what you think. Nor should it constantly make you doubt yourself or ask you to change in order to fit in. There are relationships where it feels like you're always walking on glass, watching every word, trying not to upset the other person. And when friendship constantly hurts... in reality, it's not friendship.

In this chapter we'll see how to detect those signs we sometimes ignore and how to set boundaries that help you build healthy and real relationships.

distintos. Ahí recordé el meme, las burlas, el castigo. Y todo ese 'triunfo' dejó de tener sentido. *Yo no soy así, yo no me burlo de mis amigos y tampoco repruebo exámenes.*

Pasar tanto tiempo con Max me está alejando de mis mejores amigos y constantemente me siento absurdo cuando estoy con él. Creo que si alguien me hace sentir que debo elegir entre ser yo mismo o encajar, entonces no es mi amigo. Esto debe cambiar.

INTRO
SI DUELE NO ES AMISTAD

Todas las amistades tienen momentos buenos y malos. A veces hay enojos, malentendidos o días raros. Eso es normal. Pero hay ciertas relaciones donde el drama nunca falta: todo el tiempo hay chismes, peleas, críticas o silencios incómodos.

SI UNA AMISTAD TE DEJA SINTIÉNDOTE MAL, CONFUNDIDO O TRAICIONADO LA MAYOR PARTE DEL TIEMPO... ALGO NO ANDA BIEN.

Si una amistad te deja sintiéndote mal, confundido o traicionado la mayor parte del tiempo... algo no anda bien.

Y sí, puede que también haya risas, buenos recuerdos y momentos divertidos. Pero si lo malo pesa más que lo bueno, es muy probable que no sea una amistad sana.

No es normal que una amistad te haga sentir culpa por ser tú, o miedo de decir lo que piensas. Tampoco debería hacerte

IS IT NORMAL OR A WARNING SIGN?

TO SET BOUNDARIES IS ALSO A WAY OF TAKING CARE OF YOURSELF AND SHOWING OTHERS HOW YOU WANT TO BE TREATED

There are many ways a friendship can become complicated. In fact, it may not always be obvious; often the signs hide behind jokes, excuses, or awkward silences.

Here are 10 signs that can help you detect if something isn't right. They're not the only ones, but they are some of the most common:

1. **Constant jealousy:** Your friend gets upset when you're with other people, as if you belonged to them. They tend to isolate you from others.

2. **Criticism disguised as jokes:** They mock you all the time and say: "Oh, you can't take a joke, I'm just kidding"... but you end up feeling bad.

3. **Talks badly about you behind your back:** Shares your secrets, exaggerates your mistakes, or makes things up to look good in front of others. In general, they don't respect the trust you gave them, or your privacy.

4. **Only there when it benefits them:** They look for you when they need help, favors, or company, but you can never count on them.

5. **Doesn't celebrate your achievements:** If you get a good grade or are congratulated for something, they try to outdo you or make you feel less. They only talk about their own life.

dudar de ti todo el tiempo y no te pide que cambies para encajar. Hay relaciones donde parece que siempre estás caminando sobre vidrios, cuidando cada palabra, esperando no molestar. Y cuando la amistad todo el tiempo duele... en realidad no es amistad.

En este capítulo veremos cómo detectar esas señales que a veces ignoramos y cómo poner límites que te ayuden a construir relaciones saludables y reales.

¿ES NORMAL O UNA SEÑAL DE ALERTA?

Hay muchas formas en que una amistad puede volverse complicada. De hecho puede que no siempre sea obvio, muchas veces las señales se esconden entre chistes, excusas o silencios incómodos.

PONER LÍMITES TAMBIÉN ES UNA FORMA DE CUIDARTE Y DE ENSEÑAR A LOS DEMÁS CÓMO QUIERES QUE TE TRATEN.

A continuación te presentamos 10 señales que pueden ayudarte a detectar si algo no anda bien. No son las únicas, pero sí son de las más comunes:

1. **Celos constantes:** Tu amigo/a se molesta cuando estás con otras personas, como si fueras de su propiedad. Tiende a aislarte de los demás.

2. **Críticas disfrazadas de bromas:** Se burla de ti todo el tiempo y dice: *'Ay, no aguantas nada, solo estoy jugando'*... pero tú terminas sintiéndote mal.

6. **Disappears without explanation:** Leaves you on read, ignores you for days, then acts like nothing happened. This is also a way of hurting.

7. **Makes you feel guilty all the time:** Uses manipulative phrases like: "If you were my real friend, you'd do this for me", even if it doesn't feel fair or right to you.

8. **Excludes you:** They have a separate group where everyone's included except you, and they make plans without telling you.

9. **Ignores you in person:** You're together, but they only look at their phone. They don't even glance at you. It's like you're invisible.

10. **Doesn't respect your boundaries and values:** They mock you when you say "no" to something; they pressure you to do things you don't want to or don't respect your space.

You may think while reading this: "Hey, that's happened to me." And yes, it can happen to all of us. The important thing is knowing how to recognize when a friendship stops being good for us, even if at first it seemed fun or close. Sometimes what hurts most isn't what they say... but how they make us feel.

If you realize something's not right in a friendship, it doesn't mean everything is lost, but it does mean it's time to do something. Sometimes what's most needed isn't fighting or leaving, but daring to set a clear boundary. A "this far" that protects your peace, your emotions, and your self-esteem.

Because even if it sounds difficult, learning to set boundaries is also a way of taking care of yourself and showing others how you want to be treated. In the next section, we'll see how to do it without fear, without yelling, and without losing yourself in the process.

3. **Habla mal de ti a tus espaldas:** Comparte tus secretos, exagera tus errores o inventa cosas para quedar bien con otros. En general no respeta la confianza que le has otorgado, ni tu privacidad.

4. **Solo está cuando le conviene:** Te busca cuando necesita ayuda, favores o compañía, pero tú nunca puedes contar con él o ella.

5. **No celebra tus logros:** Si sacas una buena nota o te felicitan por algo, intenta superarte o hacerte sentir menos. Solo habla de su vida.

6. **Desaparece sin explicación:** Te deja en visto, te ignora por días, y luego actúa como si nada hubiera pasado. Eso también es una forma de lastimar.

7. **Te hace sentir culpable todo el tiempo:** Usa frases manipuladoras como: *'Si fueras mi verdadero amigo harías esto por mí'*, aunque a ti no te parezca justo o correcto.

8. **Te excluye:** Tiene un grupo aparte donde están todos menos tú y hacen planes sin avisarte.

9. **Te ignora en persona:** Están juntos, pero solo mira su celular. Ni siquiera voltea a verte. Es como si fueras invisible.

10. **No respeta tus límites y valores:** Se burla cuando dices "no" a alguna situación; te presiona para hacer cosas que no quieres o no respeta tu espacio.

Tal vez al leer esto pienses: *'Uy, eso me ha pasado'.* Y sí, a todos nos puede pasar. Lo importante es saber reconocer cuándo una amistad deja de hacernos bien, incluso si al principio parecía divertida o cercana. A veces, lo que más duele no es lo que dicen... sino cómo nos hacen sentir.

BOUNDARIES

Boundaries are like invisible lines that protect your space, your emotions, and what's important to you. They are a way of saying: "I'm okay up to here, beyond this I don't feel comfortable." Setting boundaries doesn't mean you're a bad person – it means you're taking care of yourself and teaching others how to treat you with respect.

Here are some clear and practical steps to set boundaries in your friendships:

1. **Recognize how you feel:** Before saying anything, think: what emotion is this situation causing me? Am I sad, angry, or confused?

Knowing how you feel is the first step.

2. **Speak from yourself:** When communicating a boundary, use "I" statements. That way you avoid fights and make it clear how it affects you. For example: "I feel bad when you ignore my messages for days."

3. **Decide what you want to change:** Think about what bothers you and what you'd like to be different. For example: "I want you to respect when I don't want to share something."

4. **Practice saying "no":** It's okay to say no without giving long explanations. You can say: "I can't talk right now" or "I'd rather not do that."

In a healthy friendship, a simple "no" should be enough.

5. **Set your digital rules:** Decide when and how you'll use your devices or social media. For example: "I'm not going to reply to messages when I'm doing homework" or "I don't want you to share my photos or conversations without my permission."

Si te diste cuenta de que algo no va bien en una amistad, no significa que todo esté perdido, pero sí es momento de hacer algo. A veces, lo que más se necesita no es pelear ni alejarte, sino atreverte a marcar un límite claro. Un "hasta aquí" que cuide tu paz, tus emociones y tu autoestima.

Porque, aunque suene difícil, aprender a poner límites también es una forma de cuidarte y de enseñar a los demás cómo quieres que te traten. En la siguiente parte, vamos a ver cómo hacerlo sin miedo, sin gritar y sin perderte en el intento.

LÍMITES

Los límites son como líneas invisibles que protegen tu espacio, tus emociones y lo que para ti es importante. Son una forma de decir: '*Hasta aquí estoy bien, más allá ya no me siento cómodo*'. Poner límites no es ser mala persona, es cuidarte y enseñarles a los demás cómo tratarte con respeto.

Aquí van unos pasos claros y prácticos para que establezcas límites en tus amistades:

1. **Reconoce cómo te sientes**: Antes de decir algo, piensa: ¿qué emoción me causa esta situación? ¿Estoy triste, enojado o confundido?

Saber cómo te sientes es el primer paso.

2. **Habla desde ti**: Cuando comuniques un límite, usa frases que empiecen en primera persona, así evitas peleas y dejas en claro cómo te afecta. Por ejemplo: '*Me siento mal cuando ignoras mis mensajes por días*'.

3. **Decide qué quieres cambiar**: Piensa qué es lo que te molesta y qué quieres que pase diferente. Por ejemplo: '*Quiero que respetes cuando no quiero compartir algo*'

6. **Seek support if you need it:** If you have doubts or think your friendship is too toxic, talk it over with a trusted adult or another healthy friend. Sometimes another opinion helps make it clear when a boundary is urgent.

"ABOVE ALL ELSE, GUARD YOUR HEART, FOR EVERYTHING YOU DO FLOWS FROM IT." —PROVERBS 4:23 NIV

Setting boundaries is an act of self-love and self-care.

It's a practical way of protecting your heart and preventing negative things from damaging it.

Practice it slowly, with sincerity, and always remembering: your emotions matter and deserve a safe place, both online and offline.

SAYING GOODBYE

Sometimes you try to talk, set boundaries, explain how you feel, give one more chance... and another, but unfortunately, nothing changes.

CHOOSING TO WALK AWAY DOESN'T MAKE YOU A BAD PERSON. IT MAKES YOU SOMEONE WHO VALUES THEMSELVES.

When a friendship no longer respects your boundaries, when it drains you more than it builds you up, maybe the bravest thing isn't staying, but learning to walk away. It's not giving up, it's taking care of yourself.

It's not easy, and it can hurt. Maybe there were good moments, memories that make you wonder if you should keep trying. No one

4. **Practica decir "no":** Está bien decir que no sin dar muchas explicaciones. Puedes decir: *'No puedo hablar ahora' o 'Prefiero no hacer eso'.*

En una amistad saludable un "no" sencillo debe bastar:

5. **Establece tus reglas digitales**: Decide cuándo y cómo usarás tus dispositivos o redes. Por ejemplo: *'No voy a contestar mensajes cuando esté haciendo tarea' o 'No quiero que compartas mis fotos o conversaciones sin mi permiso'.*

6. **Busca apoyo si lo necesitas:** Si tienes dudas o crees que tu amistad es demasiado tóxica, convérsalo con un adulto de confianza o con otro amigo saludable. A veces, otra opinión ayuda a aclarar cuándo un límite es urgente.

DEBEMOS PROTEGER NUESTRO CORAZÓN —NUESTRA MENTE, EMOCIONES Y BIENESTAR—POR ENCIMA DE TODO, PORQUE DE AHÍ EMERGE TODA NUESTRA VIDA.
—PROVERBIOS 4:23, PARÁFRASIS DE LOS AUTORES

Poner límites es un acto de amor propio y autocuidado.

Poner límites es una forma práctica de cuidar ese corazón y evitar que cosas negativas lo dañen.

Practícalo despacio, con sinceridad y siempre recordando: tus emociones cuentan y merecen un lugar seguro, tanto en línea como fuera de ella.

ELEGIR ALEJARTE NO TE CONVIERTE EN UNA MALA PERSONA. TE CONVIERTE EN ALGUIEN QUE SE VALORA.

wants to say goodbye to someone who once was important. But if you already spoke, were sincere, set your needs, and still there's no respect... then it's time to let go. Because insisting on something unhealthy can cause you a lot of harm.

This proverb says something very true:

"ONE WHO HAS UNRELIABLE FRIENDS SOON COMES TO RUIN, BUT THERE IS A FRIEND WHO STICKS CLOSER THAN A BROTHER." —PROVERBS 18:24 NIV

So, straight up: not everyone who calls themselves a friend truly is one. Some drag you down, others lift you up. Learning to tell the difference is part of growing.

As someone once said: "Friends are like shoes... if they hurt, it's because they're not your size."

Saying goodbye doesn't have to be a catastrophe. Sometimes it's just taking a step back, breathing, and choosing not to stay where you aren't valued.

Choosing to walk away doesn't make you a bad person. It makes you someone who values themselves.

And even if at first it feels sad or uncomfortable... it's also freedom. It's making room for new friendships—healthier, truer, more sincere.

After every sincere goodbye, there is always space for a new beginning.

A place where you are respected.

A place where you are heard.

A place where you can truly be yourself.

DECIR ADIÓS

A veces intentas hablar, pones límites, explicas cómo te sientes, das una oportunidad... y otra más pero, desafortunadamente, nada cambia.

Cuando una amistad ya no escucha tus límites, cuando te desgasta más de lo que te suma, puede que lo más valiente no sea quedarte, sino aprender a alejarte**. No es rendirte, es cuidarte.**

No es fácil, y puede doler. Tal vez hubo buenos momentos, recuerdos que te hacen dudar si debes continuar intentándolo. Nadie quiere decir adiós a alguien que alguna vez fue importante. Pero si ya hablaste, fuiste sincero, marcaste lo que necesitabas, y aun así no hay respeto... entonces es hora de soltar. Porque seguir insistiendo en algo que no es sano puede hacerte mucho daño.

Este proverbio dice algo muy real:

Hay quienes parecen amigos, pero se destruyen unos a otros;

EL AMIGO VERDADERO SE MANTIENE MÁS LEAL QUE UN HERMANO. —PROVERBIOS 18:24

Así, sin rodeos. No todos los que se llaman amigos lo son de verdad. Algunos te hunden, otros te impulsan. Aprender a distinguir eso es parte de crecer.

Como alguien dijo una vez: “Los amigos son como los tenis... si te lastiman es por que no son de tu talla”.

Decir adiós no tiene por qué ser una catástrofe. A veces es solo dar un paso atrás, respirar y elegir no seguir quedándote donde no te valoran.

DYNAMIC – DOES IT HELP ME OR WEIGH ME DOWN?

INSTRUCTIONS:

Read the following questions calmly and answer with full honesty.

1. Is there a friendship that lately makes me feel sad, angry, or less valuable?
2. Do I feel like I have to change who I am for that person to accept me?

- Always – Almost always – Sometimes – Almost never – Never

3. Does that person respect me and listen when something bothers me?

- Always – Almost always – Sometimes – Almost never – Never

4. Do I feel free to say "no" without fear that they'll get angry or ignore me?

- Always – Almost always – Sometimes – Almost never – Never

5. What would I like to say to that person if I could speak with total honesty and respect?

(Practice the boundary-setting tips.)

Elegir alejarte no te convierte en una mala persona. Te convierte en alguien que se valora.

Y aunque al principio se siente triste o incómodo... también es libertad. Es dejar espacio para amistades nuevas, más sanas, más sinceras.

Después de cada adiós sincero, siempre hay espacio para un nuevo comienzo.

Uno donde sí te respeten.

Uno donde sí te escuchen.

Uno donde sí puedas ser tú.

DINÁMICA - ¿ME AYUDA O ME PESA?

INSTRUCCIONES:

Lee con calma las siguientes preguntas y responde con toda sinceridad.

- ¿Hay alguna amistad que últimamente me hace sentir triste, enojado o menos valioso?
- ¿Siento que tengo que cambiar quién soy para que esa persona me acepte?
  Siempre – Casi siempre – A veces – Casi nunca – Nunca
- ¿Esa persona me respeta y me escucha cuando algo me molesta?
  Siempre – Casi siempre – A veces – Casi nunca – Nunca

REFLECT:

Sometimes caring for a friendship means speaking honestly. Other times, it means letting go with respect and moving forward. Not all friendships last forever, but every one of them teaches us something.

- ¿Me siento libre de decir "no" sin miedo a que se enojen o me ignoren?
  Siempre – Casi siempre – A veces – Casi nunca – Nunca

- ¿Qué me gustaría decirle a esa persona si pudiera hablar con total franqueza y respeto? [Practica los consejos de poner límites]

REFLEXIONA:

A veces, cuidar una amistad significa hablar con honestidad. Otras veces, significa dejarla ir con respeto y seguir adelante. No todas las amistades duran para siempre, pero todas nos enseñan algo.

PART III: FRIENDSHIP WITH PURPOSE

PARTE III: AMISTAD CON PROPÓSITO

TRUE FRIENDSHIP IS ABOUT WHAT YOU HAVE TO GIVE, EVEN WHEN IT'S NOT EASY.

LA VERDADERA AMISTAD SE TRATA DE LO QUE TÚ TIENES PARA APORTAR, INCLUSO CUANDO NO ES FÁCIL.

CHAPTER 7

MORE THAN HAPPINESS

OOPS... I THINK I MESSED UP

After the conflict over Max's meme, my parents grounded me – an entire week without video games, no devices, and no going out with my friends! I don't know if I'll survive; they want me to slowly disintegrate.

So today I got to school a little earlier. I think not having my cell phone at hand helped me be less slow. And here I am, practicing basketball shots.

I throw with all my strength, but I miss... the ball rolls right to Teo's feet. He smiles and tosses it back to me, saying:

–"You need to bend your knees a little more"–always with that "all good" tone.

–"Listen, Teo, I owe you an apology for the meme thing. I didn't know how to react and just went along with the moment. Now everything's a mess... I just know I let you down."

–"It's okay, Zack. I admit it hurt a little that you didn't stand up for us, but I know how it feels to be on the other side. You helped me see that."

–"Yeah, I judged you too harshly last time, and now I'm the one who messed up."

CAPÍTULO 7

MÁS QUE FELICIDAD

UPS...CREO QUE METÍ LA PATA

Después del conflicto por el meme de Max, mis padres me castigaron ¡Una semana entera sin videojuegos, sin dispositivos y sin salir con mis amigos! No se si podré resistirlo, quieren que me desintegre lentamente.

Así que hoy llegué un poco más temprano a la escuela, creo que no tener mi *cel* a la mano me ayudó a ser menos lento. Y estoy aquí, practicando tiro con la pelota de básquet.

Lanzo con toda convicción, pero no logro encestar... el balón corre hasta topar con los pies de Teo. Él me sonríe y me regresa el tiro diciendo:

—Debes doblar las rodillas un poco más—siempre con ese tono de 'todo bien'.

—Escucha Teo, te debo una disculpa por lo del meme. No supe cómo reaccionar y me dejé llevar por el momento. Ahora todo es un lío... solo sé que te fallé.

—Está bien Zack, admito que dolió un poco que no hicieras nada por defendernos, pero sé cómo se siente estar del otro lado. Tú me ayudaste a verlo.

—Si, te juzgué muy duro la otra vez y ahora fui yo quien metió la pata.

–"Shut up and play," he said while giving me the usual elbow jab in the ribs. We both laughed and kept playing until the bell rang. We walked to class together; I was gathering the courage to face the hardest part: Lola.

There she was, headphones on, full "I don't care" attitude. I knew that if I was going to apologize, I had to be direct and drama-free, so I brought her favorite chocolate. I extended my hand, placed it on her desk, and said: "Sorry," as I stepped back slowly.

Her huge eyes looked at me like saying: "Wait until class is over, I'll destroy you." But it didn't happen. They came over smiling, and while Lola ate her chocolate, Cloe said:

–"I suppose there's a forgiveness gift for me too."

–"Of course," I said, taking off a blue bracelet she had always liked.

–"Haha, you're paying dearly," she said while snapping a photo of her arm with my big face in the background.

It's funny how conflicts get resolved differently with those who love you and accept you as you are. Most of the time, I think asking for forgiveness is harder than forgiving, but with them it wasn't.

On the other hand, my talk with Max wasn't so nice. He didn't want to admit his meme was offensive. He got upset and told me: "I don't see why you're making drama. It was funny, and you still got your way: once again you're the hero."

I don't get that attitude; it leaves me confused about myself. It's different when you know you messed up and can make it right. I mean, Teo confronted me and was tough, but we fixed it.

—Ya cállate y juega —me dijo mientras me daba el tradicional codazo en las costillas. Ambos reímos y nos pusimos a jugar hasta que el timbre para iniciar clases sonó. Caminamos hasta el salón juntos; yo iba reuniendo el valor para enfrentar lo más difícil: Lola.

Y ahí estaba ella, con sus audífonos y la actitud de 'nada me importa' bien puestos. Sabía que si iba a pedir perdón debía ser directo y sin drama, así que le llevé su chocolate favorito; extendí mi mano, lo puse sobre su escritorio y dije: "Perdón", mientras me retiraba lentamente.

Sus enormes ojos me miraron como diciendo: *'Espera a que termine la clase, te destrozaré'*. Pero no fue así. Ellas vinieron a mí sonriendo y mientras Lola comía su chocolate, Cloe reclamó:

—Supongo que para mí también hay un regalo de perdón.

—Claro —dije mientras me quitaba una pulsera azul que a ella siempre le había gustado.

—HAHA, lo estás pagando caro —dijo mientras tomaba una foto a su brazo con mi carota de fondo.

Es curioso cómo los conflictos se resuelven distinto con aquellos que te aman y aceptan como eres. La mayoría de las veces pienso que pedir perdón es más difícil que perdonar, pero con ellos no fue así.

Por otro lado, mi conversación con Max no fue tan agradable. No quiso aceptar que su meme fue ofensivo. Se molestó y me dijo: "No veo por qué haces drama. Fue divertido y tú te saliste con la tuya: una vez más eres el héroe".

No entiendo esa actitud que me hace sentir confundido acerca de mí mismo. Es distinto a cuando sabes que te equivocaste y puedes rectificar. Es decir, Teo me confrontó y fue duro, pero pudimos arreglarlo.

I think Max gave me an important lesson: **Not everyone who laughs with you is your friend, and not everyone who corrects you is your enemy.**

INTRO
FROM BEST FRIEND TO BETTER FRIEND

Friendships have a much greater purpose than just making us happy.

Of course, a good friendship makes us feel good! But in a deeper sense, our friends have the role of refining us, helping us grow, confronting what we need to change, and encouraging us to live with purpose.

Today we live in a culture where friendship is valued only for what we can get out of it. For many, a relationship is only worthwhile if it offers some personal benefit in return.

IF THE SOLE PURPOSE OF OUR FRIENDSHIPS WERE OUR COMFORT, OUR PLEASURE, AND OUR WELL-BEING, THEN OUR RELATIONSHIPS WOULD BE A COMPLETE FAILURE.

What did I gain from this friendship? What can I get out of it? These are questions that constantly circulate in our culture and promote utilitarian friendships—nothing worse than thinking and living relationships this way. As if friends were only "useful" when they make us feel good or give us something! But if we only seek our own benefit, in the end we will end up with empty friendships.

Creo que Max me ha dado una lección importante: **No todos los que se ríen contigo son tus amigos, y no todos los que te corrigen tus enemigos**.

INTRO
DE MEJOR AMIGO A AMIGO MEJOR

Las amistades tienen un propósito mucho mayor que el de hacernos felices.

¡Claro que una buena amistad nos hace sentir bien! Pero en un sentido profundo, nuestros amigos tienen la función de ir puliéndonos para ayudarnos a crecer, a confrontar lo que necesitamos cambiar y a impulsarnos a vivir con propósito.

SI EL ÚNICO PROPÓSITO DE NUESTRA S AMISTADES FUERA NUESTRA COMODIDAD, NUESTRO PLACER Y NUESTRO BIENESTAR, ENTONCES NUESTRAS RELACIONES SERÍAN UN FRACASO ROTUNDO.

Hoy vivimos en una cultura donde la amistad se valora solo por lo que se puede obtener de ella. Para muchos, una relación solo vale la pena si ofrece algún beneficio personal a cambio.

¿Que ganó yo de esta amistad?¿Que es lo que puedo obtener? Son preguntas que constantemente rondan en la cultura y que promueven *amistades de utilidad* –nada peor que pensar y vivir así las relaciones–. ¡Como si los amigos fueran útiles solo cuando nos hacen sentir bien o nos dan algo! Pero si solo buscamos nuestro beneficio, al final terminaremos con amistades vacías.

If the sole purpose of our friendships were our comfort, our pleasure, and our well-being, then our relationships would be a complete failure.

Many of us are in search of a best friend, someone who will always be there, who understands us, and makes us feel good. And that's great, because we all want to have someone special by our side. But the real challenge is not only to find a best friend, but to become a better friend.

When we understand that friendship is also a tool for transformation, we discover that it's not only about feeling good, but about learning to become better together with others.

SHARPENED

FRIENDS WHO ARE WORTH IT BRING OUT THE BEST IN US.

Have you ever seen how a knife is sharpened? It's not done with cotton; it's done with something equally strong: another piece of steel. Sparks fly everywhere! And that's exactly what happens with good friends – they help "sharpen" us.

The wise old king once said:

"AS IRON SHARPENS IRON, SO ONE PERSON SHARPENS ANOTHER." — PROVERBS 27:17, NIV

Good friendships "sharpen" us by teaching us to be patient when things don't go our way, to ask for forgiveness when we fail, to listen instead of interrupting, and to think of others before ourselves. They challenge us, correct us, and inspire us.

Just as steel sharpens steel, friends who are worth it bring out the best in us.

Si el único propósito de nuestras amistades fuera nuestra comodidad, nuestro placer y nuestro bienestar, entonces nuestras relaciones serían un fracaso rotundo.

Muchos estamos en la búsqueda de un *mejor amigo*, alguien que siempre esté ahí, que nos entienda y nos haga sentir bien. Y eso está genial, porque todos queremos tener a alguien especial a nuestro lado. Pero el verdadero reto no es solo encontrar un mejor amigo, sino convertirnos en un amigo mejor.

Cuando entendemos que la amistad también es una herramienta de transformación, descubrimos que no solo se trata de sentirse bien, sino de aprender a ser mejores junto a otros.

AFILADOS

¿Alguna vez has visto cómo se afila un cuchillo? No se hace con algodón, se hace con algo igual de fuerte: otro trozo de acero. ¡Las chispas vuelan por todos lados! Y eso mismo sucede con los buenos amigos, nos ayudan a "afilarnos".

LOS AMIGOS QUE VALEN LA PENA SACAN FILO A LO MEJOR QUE HAY EN NOSOTROS.

Ya lo mencionaba el viejo rey sabio:

COMO EL HIERRO SE AFILA CON HIERRO,
ASÍ UN AMIGO SE AFILA CON SU AMIGO.
—PROVERBIOS 27:17, TRADUCIDO DEL ORIGINAL EN INGLÉS

Las buenas amistades nos "afilan" enseñándonos a tener paciencia cuando algo no sale como queremos, a pedir perdón cuando fallamos, a escuchar en lugar de interrumpir y a pensar

A real friend is not only there to share laughs or fill empty moments. They're also there to tell you the truth, even when it hurts. To remind you who you are when you forget. To push you to be someone worthwhile, even when you feel like giving up.

It's not always easy. There will be times when what a friend tells you annoys you... but if it comes from someone who loves you, it might be exactly what you need to hear. Like steel striking steel, true friends can bring out the best in you.

When a friend says something uncomfortable or points out something you need to change, don't take it as an offense. Sometimes what bothers us most is exactly what we most need to hear.

Ask yourself: Is this friendship sharpening me? If the answer is yes, then it's fulfilling its purpose. After all, a dull knife isn't worth much... just like a friendship that doesn't challenge or help us grow.

THE GOLDEN RULE

The word 'reciprocity' sounds complicated, almost like a tongue twister, but in reality, it is one of the most important keys to a real friendship.

What does this mean? That a healthy friendship doesn't go in only one direction. It's about giving and receiving. True friendship is not about how useful someone can be to you, but about what you also have to give, how you can support, listen, and be present—even when it's not easy.

A long time ago, I was taught a very famous—and very wise—rule called "The Golden Rule," which is about the principle of reciprocity. It says:

en los demás antes que en nosotros mismos. Nos retan, nos corrigen, nos inspiran.

Así como el acero afila al acero, los amigos que valen la pena sacan filo a lo mejor que hay en nosotros.

Un amigo real no solo está para compartir risas o rellenar momentos vacíos. También está para decirte la verdad, aunque duela. Para recordarte quién eres cuando se te olvida. Para empujarte a ser alguien que valga la pena, incluso cuando te den ganas de rendirte.

A veces no es fácil. Habrá momentos en que te moleste lo que un amigo te diga... pero si viene de alguien que te quiere, puede ser justo lo que necesitas oír. **Como el acero que choca con el acero, los amigos que de verdad te aprecian pueden sacar lo mejor de ti.**

Cuando un amigo te diga algo que te incomoda o te haga ver algo que necesitas cambiar, no lo tomes como una ofensa. **A veces, lo que más nos incomoda es justo lo que más necesitamos** oír.

Pregúntate: ¿Esta amistad me está afilando? Si la respuesta es sí, entonces está cumpliendo su propósito. Al final, un cuchillo sin filo no sirve de mucho... igual que una amistad que no nos reta ni nos ayuda a crecer.

LA REGLA DE ORO

La palabra 'reciprocidad' suena complicada, casi como un trabalenguas, pero en realidad es una de las claves más importantes para una amistad real.

¿Qué significa esto? Que una amistad sana no va en una sola dirección. Es dar y recibir. La verdadera amistad no se trata de lo útil que alguien puede ser para ti, sino de lo que tú

"DO TO OTHERS AS YOU WOULD HAVE THEM DO TO YOU."

It sounds simple, but it is powerful. This rule places all the responsibility on your side of the field. Because, even though you may not always receive what you expect from a friendship—like time, attention, or affection—the first question you should ask yourself is: "Am I giving what I want to receive?"

If the answer is a resounding yes, and still the other person contributes nothing at all to the relationship, then maybe it's time to pause and think if that friendship is worth it. Not because you're a bad person, but because a friendship that only drains you without giving back can be a sign that it's not healthy.

But if you discover that you're expecting things you've never given, or aren't willing to give, then maybe it's not about what's missing in the friendship, but about what you still need to learn to give.

Good friendships are built in both directions. Always.

TRUE FRIENDSHIP IS ABOUT WHAT YOU HAVE TO GIVE, EVEN WHEN IT'S NOT EASY.

In a true friendship, we don't just talk to be heard—we also learn to truly listen.

We don't just receive support—we also allow our friends to lean on us when they need it.

And we don't just receive love and time—we also give them.

tienes para aportar también, de cómo puedes apoyar, escuchar y estar presente, incluso cuando no es fácil.

Hace mucho tiempo me enseñaron una regla muy famosa —y muy sabia— llamada "La regla de oro" que trata sobre el principio de la reciprocidad. Dice así:

"TRATA A LOS DEMÁS COMO TÚ QUIERAS SER TRATADO".

Suena simple, pero es poderosa. Esta regla pone toda la responsabilidad en tu lado del campo. Porque, aunque a veces no recibas lo que esperas de una amistad como tiempo, atención o cariño, **la primera pregunta que deberías hacerte es:** *'¿Estoy dando lo que quiero recibir?'*.

LA VERDADERA AMISTAD SE TRATA DE LO QUE TÚ TIENES PARA APORTAR, INCLUSO CUANDO NO ES FÁCIL.

Si la respuesta es un rotundo sí, y aun así la otra persona no aporta ni lo mínimo en la relación, tal vez es momento de detenerte y pensar si esa amistad vale la pena. No porque seas mala persona, sino porque una amistad que solo te desgasta sin darte nada a cambio puede ser una señal de que no es saludable.

Pero si descubres que esperas cosas que tú nunca has dado, o que no estás dispuesto a ofrecer... entonces quizá no se trata de lo que falta en la amistad, sino de lo que tú aún tienes que aprender a dar.

LAS BUENAS AMISTADES SE CONSTRUYEN EN AMBAS DIRECCIONES. SIEMPRE.

En una amistad verdadera, no solo hablamos para ser escuchados, sino que también aprendemos a escuchar de verdad.

SPIRITUAL HEALTH

A FRIENDSHIP THAT NOURISHES YOUR SOUL IS A BLESSING.

Good friendships are visible on the outside, but they also impact us on the inside. They are a means to promote spiritual well-being, both in you and in others.

Imagine that your heart is a plant and your friendships are like water. But not just any water—true friendships give you the kind of water your soul needs. They don't just help you survive; they strengthen your roots, help you grow deep and steady.

As the proverb says:

"A SWEET FRIENDSHIP REFRESHES THE SOUL." — PROVERBS 27:9 (MSG, TRANSLATED FROM THE ORIGINAL IN ENGLISH)

A friendship that nourishes your soul is a blessing. It's like a reflection of the love and care that God wants for you.

That love lifts you when you are tired, reminds you what truly matters when you feel lost, and stays by your side even when you feel you can't go on alone.

We're not designed just to survive, but to grow together toward something eternal. And that happens when our friendships encourage us to cultivate our inner world, to draw near to God, to trust Him, and to live with purpose every day.

When you have friends who pray for you, who encourage you to do what's right, who strengthen your faith and don't give up on you, you don't just have a good group—you have something of eternal value.

And that kind of friendship doesn't just make you happy. It heals and refreshes your soul.

No solo recibimos apoyo, sino que permitimos que nuestros amigos se sostengan de nosotros cuando lo necesitan.

Y no solo recibimos cariño y tiempo, sino que también los entregamos.

SALUD ESPIRITUAL

Las buenas amistades se notan por fuera, pero también impactan por dentro. Son un medio para promover, tanto en ti como en los demás, el bienestar espiritual.

UNA AMISTAD QUE NUTRE TU ALMA ES UNA BENDICIÓN.

Imagínate que tu corazón es una planta y tus amistades son como el agua. Pero no cualquier agua: las amistades verdaderas te dan el tipo de agua que tu alma necesita. No solo te ayudan a sobrevivir, sino que fortalecen tus raíces, te hacen crecer profundo y firme.

Como dice el proverbio:

UNA BUENA AMISTAD RECONFORTA EL ESPÍRITU Y REFRESCA EL ALMA. —PROVERBIOS 27:9 MSG, TRADUCIDO DEL ORIGINAL EN INGLÉS

Una amistad que nutre tu alma es una bendición. Es como si fuera un reflejo de ese amor y cuidado que Dios quiere para ti.

Ese amor que te levanta cuando estás cansado, que te recuerda lo que realmente importa cuando te sientes perdido, y que está a tu lado incluso cuando sientes que no puedes seguir solo.

No estamos diseñados solamente para sobrevivir, sino para crecer juntos hacia algo eterno. Y eso sucede cuando nuestras

DYNAMIC – AMONG SPARKS

INSTRUCTIONS:

On this drawing, write the following:

- On the blade part: Write three good things you now have thanks to your friendships. (e.g., patience, empathy, tolerance...)
- On the handle part: Write the names or initials of those friends who help sharpen you.
- On the sparks part: Write three difficult moments that helped you grow with the support of your friends.

REFLECT:

Good friends help sharpen you – even when it hurts sometimes. But thanks to that, you can become stronger and wiser!

amistades nos animan a cultivar nuestro mundo interior, a acercarnos a Dios, a confiar en Él y a vivir con propósito cada día.

Cuando tienes amigos que oran por ti, te animan a hacer lo correcto, que alimentan tu fe y no se rinden contigo, no solo tienes un buen grupo... ¡tienes algo con un valor eterno!

Y ese tipo de amistad no solo te hace feliz. Hace bien a tu alma.

DINÁMICA - ENTRE CHISPAS

INSTRUCCIONES:

En este dibujo escribe lo siguiente:

- En la parte de la hoja escribe tres cosas buenas que ahora tienes gracias a tus amistades [ej: paciencia, empatía, tolerancia...]
- En la parte del mango escribe los nombres o iniciales de esos amigos que te ayudan a afilarte.
- En la parte de las chispas escribe tres momentos difíciles que te hicieron crecer con ayuda de tus amigos.

REFLEXIONA:

Los buenos amigos te ayudan a sacar filo... aunque a veces duela. ¡Pero gracias a eso puedes ser más fuerte y sabio!

CHAPTER 8

THE ORIGINAL PLAN

UNEXPECTED TWIST

The big day finally arrived! I woke up to the sweet smell of my birthday pancakes. I waited just a moment and the door opened... it was mom, dad, and Jonah with those ridiculous paper hats they made. Singing the same song as every year, with the same melted candle. You might say it's predictable, but honestly it makes me happy to start my special day like this.

The school bus arrived and Teo leaned out the window shouting: "Limo for the birthday boy!" We all laughed and I got a bunch of hugs as I climbed in.

At school it was no different: Professor Tom announced over the loudspeaker: "Today is the birthday of the living legend... Donutboy!" Everyone congratulated me and smashed a donut in my face. It was so much fun!

My party at Pizzeta lived up to everything I imagined; we ate lots of pizza, played Arcade Games for hours, and my triple chocolate cake was epic!

Everything was going wonderfully and suddenly... the plot twist... "Come on, it was my party. It couldn't be perfect, right?"

CAPÍTULO 8

EL PLAN ORIGINAL

GIRO INESPERADO

¡Por fin llegó el gran día! Desperté con el dulce olor de mis pancakes de cumpleaños. Esperé solo un momento y la puerta se abrió... eran mamá, papá y Jonah con esos ridículos sombreros de papel que hicieron. Cantando la misma canción de cada año, con la misma vela derretida. Dirás que es predecible, pero de verdad me hace feliz iniciar así mi día especial.

El autobús de la escuela llegó y Teo se asomaba por la ventana gritando: "¡Limosina para el cumpleañero!". Todos reímos y recibí un montón de abrazos al subir.

En la escuela no fue distinto: el profesor Tom anunció desde el altavoz: "Hoy es cumpleaños de la leyenda viviente... ¡El *Donutboy*!". Todos me felicitaban y me estrellaron una dona en la cara ¡Fue muy divertido!

Mi fiesta en Pizzeta estuvo a la altura de lo que imaginé; comimos mucha pizza, jugamos *Arcade Games* por horas y mi pastel de triple chocolate estuvo ¡épico!

Todo iba de maravilla y de repente... el *Plot twist*... '*Vamos, era mi fiesta. No podía ser perfecto ¿cierto?*'

Mi hermanito Jonah no paraba de llorar porque quería jugar con nosotros, pero esos juegos no eran para su edad. Mi mamá intentaba calmarlo, pero en un descuido, él se soltó y corrió

My little brother Jonah wouldn't stop crying because he wanted to play with us, but those games weren't for his age. My mom tried to calm him, but in a moment of distraction, he let go and ran toward me. Everything happened so fast... I tripped over him and suddenly I was on the ground, not moving. The party ended abruptly. My parents and I ran to the hospital with Jonah in our arms. "It was my fault"–that was the only thing I could think in that waiting room. I was alone and felt even more alone–Life is like a roller coaster, isn't it?

I was there, with my head down when I felt a pair of hands on my back. I opened my eyes and saw Lola's black sneakers with pink laces... I couldn't hold back my tears, so I stayed still. Then Cloe and Teo joined in; they simply sat down next to me. Cloe had a small blanket with her, she placed it on me and said: "Like my grandma says: 'Bad times don't last forever, Zack, we know Jonah will be fine.'"

hacia mí. Todo pasó tan rápido... tropecé con él y de pronto ya estaba en el suelo, sin moverse. La fiesta terminó súbitamente. Mis padres y yo corrimos al hospital con Jonah en los brazos. '*Fue mi culpa* –era lo único que podía pensar en esa sala de espera. Estaba solo y me sentía aún más solo–. *La vida es como una montaña rusa ¿no?'*

Estaba ahí, con mi cabeza agachada cuando sentí un par de manos en mi espalda. Abrí los ojos y vi los tenis negros con agujetas rosas de Lola... No podía contenerme las ganas de llorar, así que me quedé inmóvil. Luego se sumaron Cloe y Teo; simplemente se sentaron a mi lado. Cloe llevaba consigo una pequeña manta, me la puso encima y dijo: "Como dice mi abuelita: 'los malos momentos no duran para siempre Zack, sabemos que Jonah estará bien'".

Ellos me abrazaron y sus palabras me llenaron de fe, esa fe que mi mamá me había enseñado, sobre un amor incondicional. Ese amor estaba ahí, presente a través de mis amigos.

De pronto, el doctor salió con Jonah en sus brazos. Él estaba bien, presumiendo el yeso que le habían colocado en el brazo y sonriendo porque la enfermera le colocó un *sticker* de dinosaurio.

¡Vaya día! No es el tipo de final que esperaba para mi cumpleaños, pero eso lo hará aún más inolvidable. Cloe tomó una foto con su Polaroid. Fue bastante emotivo; una sala de espera, un brazo roto y un pequeño grupo de amigos que ahora son como hermanos.

They hugged me and their words filled me with faith, that faith my mom had taught me about, of an unconditional love. That love was there, present through my friends.

Suddenly, the doctor came out carrying Jonah in his arms. He was fine, showing off the cast they had put on his arm and smiling because the nurse had placed a dinosaur sticker on it.

What a day! It's not the kind of ending I expected for my birthday, but it will make it even more unforgettable. Cloe took a picture with her Polaroid. It was quite emotional; a waiting room, a broken arm, and a small group of friends who now feel like brothers.

INTRO
THE SOURCE

We were all created to have friends.

AND THAT DESIGN DOES NOT ONLY POINT TO HUMAN FRIENDSHIPS... IT ALSO POINTS TO AN EVEN GREATER FRIENDSHIP.

This means that we all have inside us a strong and natural desire to connect with others; it is part of what makes us human.

And do you know what's most interesting? That desire to connect is not a factory defect. Someone put it there. He made us with that heart that longs for company and connection because being alone is not what's best for us.

Imagine that you are a powerful flashlight, but without batteries. You can have everything to shine, but you need a source of energy to function. That's how we are. We were designed

INTRO
LA FUENTE

Todos fuimos creados para tener amigos.

Esto quiere decir que todos tenemos en nuestro interior un deseo fuerte y natural de conectar con otros, es parte de lo que nos hace humanos.

¿Y sabes qué es lo más interesante? Ese deseo de conectar no es un error de fábrica. Alguien lo puso ahí. Nos hizo con ese corazón que anhela compañía y conexión porque **estar solos no es lo mejor para nosotros**.

Imagina que eres una linterna potente, pero sin pilas. Puedes tener todo para brillar, pero necesitas una fuente de energía para funcionar. Así somos nosotros. Nos diseñaron para vivir en comunidad, para caminar con otros, para amar y ser amados. Y ese diseño no solo apunta a las amistades humanas... también apunta a una amistad aún más grande.

Y ESE DISEÑO NO SOLO APUNTA A LAS AMISTADES HUMANAS... TAMBIÉN APUNTA A UNA AMISTAD AÚN MÁS GRANDE.

Hay alguien que no solo nos creó, sino que también quiere ser nuestro amigo. Un amigo que nunca falla, que siempre está presente, que nos conoce mejor que nadie –con todo lo que somos, incluso con nuestras partes rotas, inseguridades y contradicciones– y aún así nos acepta totalmente. Un amigo que vino a mostrarnos lo que significa amar de verdad.

¿Quieres saber quién es? Sigue leyendo.

to live in community, to walk with others, to love and be loved. And that design does not only point to human friendships... it also points to an even greater friendship.

There is someone who not only created us, but also wants to be our friend. A friend who never fails, who is always present, who knows us better than anyone—with all that we are, even with our broken parts, insecurities, and contradictions—and yet still accepts us completely. A friend who came to show us what it truly means to love.

Do you want to know who he is? Keep reading.

THE PROTOTYPE

FRIENDSHIP WITH GOD IS THE MOST IMPORTANT THING IN LIFE.

Before social media, friend groups, or any kind of digital connection existed, there was Someone who showed us what true friendship is. That Someone is God, the Creator not only of people, but also of the relationships that unite us.

Although we know God in many ways—like an all-powerful being or infinite wisdom—there is a very special way in which it is worth knowing Him: as a faithful and close Friend.

God gives us the original prototype of a perfect friendship: He is a Friend who is always present, who knows us completely, and who loves us without conditions.

You and I were created to have a friendship with Him. He desires that you build a relationship in which you can know Him deeply and personally. Careful, not just to know about Him, but to know Him, and that is: cultivating a genuine friendship.

EL PROTOTIPO

Antes de que existieran las redes sociales, los grupos de amigos o cualquier tipo de conexión digital, hubo Alguien que nos mostró cómo es la amistad verdadera. Ese alguien es Dios, el Creador no solo de las personas, sino también de las relaciones que nos unen.

Aunque conocemos a Dios de muchas maneras —como un ser todopoderoso o un sabio infinito— hay una forma muy especial en la que vale la pena conocerlo: como un Amigo fiel y cercano.

LA AMISTAD CON DIOS ES LO MÁS IMPORTANTE EN LA VIDA.

Dios nos da el prototipo original de una amistad perfecta: Él es un Amigo que siempre está presente, que nos conoce por completo y que nos ama sin condiciones.

Tú y yo fuimos creados para tener una relación de amistad con Él. Él desea que entables una relación en la cual lo puedas conocer de manera profunda y personal. Ojo, no solo conocer acerca de Él, sino conocerlo a Él, y eso es: cultivar una amistad genuina.

La amistad con Dios es lo más importante en la vida, tanto que nuestras vidas no están completas hasta que nos relacionamos de una forma genuina con Él.

Dios es el modelo perfecto de Amigo porque nunca se aburre, nunca se cansa, nunca se desespera y su compromiso nunca se marchita. Esto quiere decir que Él jamás nos hará un desaire, jamás nos humillará y jamás nos dejará caer.

Friendship with God is the most important thing in life, so much so that our lives are not complete until we relate to Him in a genuine way.

God is the perfect model of Friend because He never gets bored, never gets tired, never gets desperate, and His commitment never fades. This means that He will never snub us, He will never humiliate us, and He will never let us fall.

Let's discover together that cultivating a friendship with God is not something complicated or boring. Because knowing God as your best Friend... is the best thing that could ever happen to you!

A FRIEND LIKE NO OTHER

Now that you know God wants to be your friend, you may ask yourself: "And how do I start this friendship?" "What does it really mean to have a relationship with Him if I can't see Him or send a message like with others?" "How can I develop this friendship in real life?"

The answer is very simple: In the same way you develop most friendships—with trust, communication, and spending time together.

TRUST

First of all, friendship with God is based on trust. Just like in all friendships, it requires that you open your heart and show yourself as you are. Even if it feels very risky, I assure you that God is the safest place where your heart can be. He will take care of your heart because He loves you.

Vamos a descubrir juntos que cultivar una amistad con Dios no es algo complicado ni aburrido. Porque conocer a Dios como tu mejor amigo... ¡es lo mejor que te puede pasar!

AMIGO COMO NINGÚN OTRO

Ahora que sabes que Dios quiere ser tu amigo, tal vez te preguntes: *'¿Y cómo empiezo esa amistad?' '¿Qué significa realmente tener una relación con Él si no lo puedo ver o mandar un mensaje como a los demás?' '¿Cómo puedo desarrollar esta amistad en la vida real?'*

La respuesta es muy sencilla: De la misma forma que desarrollas la mayoría de las amistades – con confianza, comunicación y pasando tiempo juntos.

CONFIANZA

En primer lugar, la amistad con Dios se basa en la confianza. **Al igual que en todas las amistades se requiere que abras tu corazón y te muestres tal como eres.** Incluso si te parece muy arriesgado, te aseguro que Dios es el lugar más confiable donde tu corazón pueda estar. Él cuidará tu corazón por que te ama.

COMUNICACIÓN

Enseguida, la comunicación es clave para cualquier relación. Imagina tener una amistad donde nunca te comunicas ¡Sería muy raro! Y aunque Dios no tiene un perfil de redes sociales o un *smartphone* para enviarle mensajes, tu puedes hablar con Él en cualquier momento a través de la oración, Él siempre está disponible y accesible.

COMMUNICATION

Next, communication is key to any relationship. Imagine having a friendship where you never communicate – it would be so strange! And even though God doesn't have a social media profile or a smartphone to send Him messages, you can talk to Him at any time through prayer. He is always available and accessible.

Praying is talking to God like you talk to your best friend. You don't need perfect words, just be yourself and tell Him how you feel, ask for help, give thanks, or simply share what happened in your day. You can pray out loud or in your mind, on your knees or walking, with your eyes closed or open. The important thing is that you do it sincerely.

TIME

Finally, spending time with friends is essential. In the same way you make time for your friends, God wants to spend time with you. You can do this when you spend time reading the Bible, meditating, and praying. Setting aside intentional time with God will help you deeply know His heart.

God doesn't want to just be an idea in your head; He wants to be your best friend in real life. A friendship with Him is built little by little, with trust, conversation, and time together. And the best part is that this friendship never fails, never fades, and always goes with you.

Are you ready to start?

Orar es hablar con Dios como hablas con tu mejor amigo. No necesitas palabras perfectas, solo ser tú y decirle lo que sientes, pedirle ayuda, agradecer o simplemente contarle lo que pasó en tu día; puedes orar en voz alta o en tu mente, de rodillas o caminando, con los ojos cerrados o abiertos. Lo importante es que lo hagas con sinceridad.

TIEMPO

Por último, pasar tiempo con los amigos es fundamental. De la misma forma que apartas tiempo para tus amigos, Dios quiere pasar tiempo contigo. Puedes hacer esto cuando pasas tiempo leyendo la Biblia, meditando y orando. Apartar tiempo intencional con Dios te ayudará a conocer profundamente su corazón.

Dios no quiere ser solo una idea en tu cabeza, quiere ser tu mejor amigo en la vida real. Una amistad con Él se construye poco a poco, con confianza, conversación y tiempo juntos. Y lo mejor es que esta amistad nunca falla, nunca se apaga y siempre te acompaña.

¿Estás listo para comenzar?

UN REFLEJO

A medida que entendemos lo que significa tener una amistad con Dios —un amor sin reproches e incondicional— también aprendemos a amar a los demás de esa misma manera.

Su amor se convierte en nuestro ejemplo y nuestra fuerza para perdonar, ser pacientes, cuidar a otros y ser la mejor versión de amigo que podamos ser.

Dios es el Amigo modelo que nunca falla, que es paciente cuando nosotros nos equivocamos, nunca abandona sus

A REFLECTION

As we understand what it means to have a friendship with God—love without reproach and unconditional—we also learn to love others in that same way.

His love becomes our example and our strength to forgive, to be patient, to care for others, and to be the best version of a friend we can be.

God is the model Friend who never fails, who is patient when we make mistakes, who never abandons His commitments, and who forgives us when we fail.

Having this prototype of perfect friendship should inspire us to give our best in our friendships; we can strive each day to be patient and considerate with the friends around us.

No human friendship is perfect, and sometimes we disappoint each other or there are problems because we all make mistakes. But knowing that God loves us despite our imperfections encourages us to extend that same grace and compassion to others. That is the reason why true friendships are special, lasting, and valuable.

The love we receive from God is so great that it was not made to be kept just for ourselves, but to be shared with those around us. When we show that love to our friends, we are reflecting God's heart and building relationships that truly transform our lives.

compromisos y nos perdona cuando nosotros fallamos.

SU AMOR SE CONVIERTE EN NUESTRO EJEMPLO Y NUESTRA FUERZA PARA PERDONAR, SER PACIENTES, CUIDAR A OTROS Y SER LA MEJOR VERSIÓN DE AMIGO QUE PODAMOS SER.

Tener este prototipo de amistad perfecta debe inspirarnos a dar lo mejor de nosotros en nuestras amistades; podemos esforzarnos cada día para ser pacientes y considerados con los amigos que nos rodean.

Ninguna amistad humana es perfecta, y a veces nos decepcionamos o hay problemas porque todos cometemos errores. Pero saber que Dios nos ama a pesar de nuestras imperfecciones, nos anima a extender esa misma gracia y compasión a los demás. Esa es la razón por la que las amistades verdaderas son especiales, duraderas y valiosas.

El amor que recibimos de Dios es tan grande que no fue hecho para guardarlo solo para nosotros, sino para compartirlo con quienes nos rodean. Cuando les mostramos ese amor a nuestros amigos, estamos reflejando el corazón de Dios y construyendo relaciones que realmente transforman nuestras vidas.

CHAPTER 9

A FRIENDSHIP THAT TRANSCENDS

MISSION ACCOMPLISHED

After everything that happened, I didn't expect the year to end like this. With Jonah recovered, life went back to its usual chaos: late homework, school games, and our endless debates over playlists.

One afternoon, in the middle of the rain, I was running home when I saw Lola sitting on a bench, soaked, hugging her scooter. I ran over and offered her my sweatshirt. She looked at me with a crooked smile and said:

"You know that now you'll be soaked too, right?"

"Yes, but it's worth it," I replied.

That day we didn't solve big mysteries, we didn't talk about haters or likes, we didn't even mention our channel. We just stayed there, sharing the silence... and a bag of chips that got soggy but still tasted glorious.

I used to think that to show affection you had to do epic things, like in the movies. But lately I've learned that sometimes laying down your life for your friends means giving it away in small pieces: giving your time, listening when you don't feel like

CAPÍTULO 9

UNA AMISTAD QUE TRASCIENDE

MISIÓN CUMPLIDA

Después de todo lo que pasó, no esperaba que el año terminara así. Con Jonah recuperado, la vida volvió a su caos habitual: tareas atrasadas, partidos escolares y nuestros eternos debates de *playlists*.

Una tarde, en plena lluvia, iba corriendo a casa cuando vi a Lola sentada en una banca, empapada, abrazando su patineta. Me acerqué corriendo y le ofrecí mi sudadera. Ella me miró con una sonrisa chueca y dijo:

—Sabes que ahora tú también estarás empapado, ¿no?

—Sí, pero vale la pena —respondí.

Ese día no resolvimos grandes misterios, no hablamos de *haters* ni de *likes*, ni siquiera mencionamos nuestro canal. Solo nos quedamos ahí, compartiendo el silencio... y una bolsa de papitas que se humedecieron, pero aún sabían a gloria.

Tiendo a pensar que para demostrar afecto hay que hacer cosas épicas, como en las películas. Pero últimamente he aprendido que, a veces, poner la vida por tus amigos significa entregarla en pequeñas partes: dar tu tiempo, escuchar cuando no tienes ganas, quedarte cuando sería más fácil irte.

it, staying when it would be easier to leave. Like they did for me in the hospital. Like we all did for each other when things hurt.

Today I reconnected with "The List," the one that started with a blank page. Among a pile of names I later crossed out, and others that are still part of my circle; it doesn't highlight the most popular names, nor the ones who made me feel cool, but the ones who reminded me who I am. The ones who showed loyalty in hard times, patience when I didn't know how to express myself, and sincerity when I needed to see the truth. The ones who were there when I had nothing to give, except a sweatshirt and some soggy chips.

My friends and I now value every moment together, we don't think badly of others and we don't worry so much about what people think of us. We discover every day a million ways to laugh out loud while exploring the world. Because the best moments aren't always the loudest or most viral ones, but the everyday ones; an afternoon of video games, a fall off a scooter, an improvised dance to your favorite song. Most of the time without filters. Without an audience. Without likes.

BECOMING PART OF SOMETHING GREATER

We've reached the end of this book, and before closing we want to share with you the most important thing: the love that transcends everything else.

Now that we have discovered what it means to be a true friend and how God shows us the original model of friendship, it is time to take a deeper step. Friendship should not remain only in pretty words or fun moments, but it is shown in brave and sacrificial actions.

Como lo hicieron conmigo en el hospital. Como lo hicimos todos cuando las cosas dolían.

Hoy me reencontré con "La lista", aquella que empezó con una hoja en blanco. Entre un montón de nombres que después taché, y otros que siguen siendo parte de mi círculo; no resaltan los nombres más populares, ni los que me hicieron sentir *cool*, pero sí los que me recordaron quién soy. Los que mostraron lealtad en los momentos difíciles, paciencia cuando no sabía cómo expresarme, y sinceridad cuando necesitaba ver la verdad. Los que estuvieron cuando no tenía nada que ofrecer, excepto una sudadera y unas papas mojadas.

Mis amigos y yo hoy valoramos cada momento juntos, no pensamos mal de los demás y tampoco nos preocupa tanto lo que piensen de nosotros. Descubrimos todos los días un millón de formas de reír a carcajadas mientras conocemos el mundo. Porque los mejores momentos no siempre son los más

TRUE FRIENDSHIPS HAVE A SPECIAL POWER BECAUSE THEY DON'T DEPEND ONLY ON WHAT HAPPENS IN THE MOMENT; THEY ARE BONDS THAT TRANSCEND TIME, CIRCUMSTANCES, AND DISTANCE.

In friendship there must be unconditional, reciprocal love that is present at all times. It is a love that not only seeks to receive, but is willing to give everything for others, even when it is difficult or costs effort.

True friendships have a special power because they don't depend only on what happens in the moment; they are bonds that transcend time, circumstances, and distance. That power is seen when someone is willing to give their life, their time, and their heart for their friends, without expecting anything in return. That kind of love is not born only from human effort... it comes from a higher, purer, more perfect love: the love of God. Only He can teach us to love like that.

In this final chapter, we will explore how this extraordinary love can transform your relationships and show you what it means to be a true friend.

THE GREATEST LOVE

"GREATER LOVE HAS NO ONE THAN THIS: TO LAY DOWN ONE'S LIFE FOR ONE'S FRIENDS." —JOHN 15:13 (NIV)

These words of Jesus that have marked history show us the ultimate evidence of friendship, a love that goes beyond what we can imagine.

ruidosos o virales, son los cotidianos; una tarde de videojuegos, una caída en patineta, un baile improvisado de tu canción favorita. La mayoría de las veces sin filtros. Sin público. Sin *likes*.

FORMANDO PARTE DE ALGO MÁS GRANDE

Hemos llegado al final de este libro, y antes de cerrar queremos compartir contigo lo más importante: el amor que trasciende todo lo demás.

Ahora que hemos descubierto lo que significa ser un verdadero amigo y cómo Dios nos muestra el modelo original de la amistad, es momento de dar un paso más profundo. **La amistad no debe quedar solo en palabras bonitas o en momentos divertidos, sino que se muestra en acciones valientes y sacrificadas.**

LAS AMISTADES VERDADERAS TIENEN UN PODER ESPECIAL PORQUE NO DEPENDEN SOLO DE LO QUE PASA EN EL MOMENTO; SON VÍNCULOS QUE TRASCIENDEN EL TIEMPO, LAS CIRCUNSTANCIAS Y LA DISTANCIA.

En la amistad debe existir un amor incondicional, recíproco, que está presente en todo tiempo. Es un amor que no solo busca recibir, sino que está dispuesto a darlo todo por los demás, incluso cuando es difícil o cuesta trabajo.

Las amistades verdaderas tienen un poder especial porque no dependen solo de lo que pasa en el momento; son vínculos que trascienden el tiempo, las circunstancias y la distancia. Ese

Think for a moment about that phrase. To give your life? It's not something that sounds easy, or common. Who would do that for someone else? Who would be willing to suffer or lose everything... for a friend?

Jesus didn't just say it: He lived it, He gave His life out of love. For you, for me, for His friends. And this was a real act, a historical event, not just something you see in fictional movies.

This is the greatest love that exists. A love that gives itself, that sacrifices, and that serves others. Because in that giving is found the greatest purpose of friendship.

There are situations where laying down your life for your friends means killing pride, being able to forgive the one who hurt us. That way we can do things so hard they are counted as if we had died. And dying to our pride truly is hard!

We can let go of our own interests to pursue those of our friends. We can love so much that we choose to lose so the other can win. To invest our time, our energy, our resources, and our knowledge without expecting anything in return, and that's where we die to our ego.

A love like that is not based on what you receive, but on what you are willing to give. And be careful: it's not about making yourself less... it's about giving yourself sincerely. Giving your time, your attention, your empathy, your support. It's about putting your friends before yourself.

In that kind of giving is where the greatest love is revealed.

That love has a name: Jesus.

And that love has a mission: to teach us to live for others.

When you choose to love like this, you are not only a good friend... you become part of something much greater. Something eternal. Something that changes the world for the better.

poder se ve cuando alguien está dispuesto a poner su vida, su tiempo y su corazón por sus amigos, sin esperar nada a cambio. **Ese tipo de amor no nace solo del esfuerzo humano... viene de un amor más alto, más puro, más perfecto: el amor de Dios.** Solo Él puede enseñarnos a amar así.

En este último capítulo, exploraremos cómo este amor extraordinario puede transformar tus relaciones y mostrarte lo que significa ser un amigo de verdad.

EL AMOR MÁS GRANDE

NO HAY UN AMOR MÁS GRANDE QUE EL DAR LA VIDA POR LOS AMIGOS. —JUAN 15:13

Estas palabras de Jesús que han marcado la historia nos muestran la evidencia máxima de la amistad, un amor que va más allá de lo que podemos imaginar.

Piensa por un momento en esa frase. ¿Dar la vida? No es algo que suene fácil, ni común. ¿Quién haría eso por alguien más? ¿Quién estaría dispuesto a sufrir o perderlo todo... por un amigo?

Jesús no solo lo dijo: lo vivió, dio su vida por amor. Por ti, por mí, por sus amigos. Y esto fue un acto real, un suceso histórico, no solo algo que se ve en las películas de ficción.

Este es el amor más grande que existe. Un amor que se entrega, que se sacrifica y que sirve a los demás. Porque en ese dar se encuentra el propósito más grande de la amistad.

Hay situaciones donde *dar la vida por los amigos* equivale a morir al orgullo, para poder perdonar a aquel que nos hirió. Tal vez podemos hacer cosas tan difíciles que son tomadas en cuenta como si hubiéramos muerto. ¡Y morir a nuestro orgullo en verdad que es difícil!

YOUR TURN

Perhaps this is the end of the book, but it is not the end of your story. Today you can decide what kind of friend you want to be.

You can begin an authentic friendship with God, and from there, learn to truly love.

Every day you can choose to die to your pride, to your comforts, and invest in your friends. You can show them how much you love them by giving your life for them every day!

When you make Jesus your best friend, He teaches you to live this way.

Maybe you won't have to give your life literally as He did, but you can give small acts of love and true service every day:

- You can listen with patience when your friend is sad.
- Forgive, even when something hurt deeply.
- Be loyal even if others walk away.
- Be present, even when no one else is.

When you do this, you are living in a practical and tangible way the greatest love, and at the same time you are leaving a mark that transcends.

Friendships that are based on this kind of love are never forgotten. They are the ones that mark your heart. The ones that help you grow. The ones that draw you closer to God.

Remember that "Greater love has no one than this: to lay down one's life for one's friends." (John 15:13, NIV). And that love... already lives in you.

Are you ready to live it?

Podemos soltar nuestros intereses por perseguir los de nuestros amigos. Podemos amar tanto que elijamos perder para que gane el otro. Invertir nuestro tiempo, nuestra energía, nuestros bienes y nuestros conocimientos *sin esperar nada a cambio*, y ahí es donde morimos a nuestro ego.

Un amor así, no se basa en lo que recibes, sino en lo que estás dispuesto a dar. Y ojo: no se trata de hacerte menos... se trata de entregarte con sinceridad. De dar tu tiempo, tu atención, tu empatía, tu apoyo. Se trata de poner a tus amigos antes que a ti mismo.

En ese tipo de entrega es donde se revela el amor más grande.

Ese amor tiene un nombre: Jesús.

Y ese amor tiene una misión: enseñarnos a vivir para los demás.

Cuando eliges amar así, no solo eres un buen amigo... te conviertes en parte de algo mucho más grande. Algo eterno. Algo que cambia el mundo para bien.

CUANDO ELIGES AMAR ASÍ, NO SOLO ERES UN BUEN AMIGO... TE CONVIERTES EN PARTE DE ALGO MUCHO MÁS GRANDE.

TU TURNO

Quizá este sea el final del libro, pero no es el final de tu historia. Hoy puedes decidir qué tipo de amigo quieres ser.

Puedes comenzar una amistad auténtica con Dios, y desde ahí, aprender a amar de verdad.

ZACK'S FINAL NOTE

If you made it this far, thank you!

Thank you for reading this story, which started with an empty list and ended... with one not so full, but with the right names.

I know I don't have all the answers (I still can't make a basket and I don't understand why my brother always smells like cheese), but there is something I did learn:

You don't need to be the most popular, or have thousands of followers, or laugh all the time to be loved. You just need to be there. Listen. Stay when everything feels weird. Be yourself, even if you don't fit into the mold others want.

My friends aren't perfect, and neither am I. We make mistakes, we ask for forgiveness, we tease each other, and we also cry together. But that's where the magic is: we keep showing that unconditional love that fills us with faith.

So, if you are doing your own "Operation Recruitment," I leave you this:

Look for those who help you be yourself, not those who want to change you.

Stay with those who listen to you without you having to shout.

Choose those who draw you closer to God.

And definitely... be that kind of friend for someone else.

I don't know if this was a great story. But it was my story. And that's enough.

See you at the next level!

–Zack.

Cada día puedes decidir morir a tu orgullo, a tus comodidades e invertir en tus amigos. ¡Puedes mostrarles cuánto los amas dando la vida por ellos todos los días!

Cuando haces de Jesús tu mejor amigo, Él te enseña a vivir de esta forma.

Quizás no te toque dar la vida de forma literal como lo hizo Él, pero sí puedes dar cada día pequeños actos de amor y servicio verdadero:

- Puedes escuchar con paciencia cuando tu amigo está triste.
- Perdonar, aun cuando algo dolió mucho.
- Ser leal aunque los demás se alejen.
- Estar presente, incluso cuando nadie más lo está.

Cuando haces eso, estás viviendo de manera práctica y tangible el amor más grande y al mismo tiempo estás dejando una huella que trasciende.

Las amistades que se basan en este tipo de amor no se olvidan nunca. Son las que te marcan el corazón. Las que te ayudan a crecer. Las que te acercan a Dios.

Recuerda que **"no hay un amor más grande que el dar la vida por los amigos".** Y ese amor... ya vive en ti.

¿Estás listo para vivirlo?

SPACE
PIZZA

NOTA FINAL DE ZACK

Si llegaste hasta aquí, ¡gracias!

Gracias por leer esta historia, que empezó con una lista vacía y terminó... con una no tan llena, pero sí con los nombres correctos.

Sé que no tengo todas las respuestas (sigo sin encestar el balón y no entiendo por qué mi hermano siempre huele a queso), pero hay algo que sí aprendí:

No necesitas ser el más popular, ni tener miles de seguidores, ni reírte todo el tiempo para ser querido. Solo necesitas estar. Escuchar. Quedarte cuando todo se ve raro. Ser tú, aunque no encajes en el molde que otros quieren.

Mis amigos no son perfectos, y yo tampoco. Nos equivocamos, pedimos perdón, nos burlamos del otro y también lloramos juntos. Pero ahí está la magia: seguimos mostrando ese amor incondicional que nos llena de fe.

Así que, si estás haciendo tu propia "Operación Reclutamiento", te dejo esto:

Busca a los que te ayuden a ser tú mismo, no a los que quieran cambiarte.

Quédate con los que te escuchen sin que tengas que gritar.

Elige a los que te acercan más a Dios

Y definitivamente... sé ese tipo de amigo para alguien más.

No sé si esto fue una gran historia.
Pero fue mi historia.
Y eso basta.

¡Nos vemos en el siguiente nivel!

–Zack.

NOTES /

ALGUNAS PREGUNTAS QUE DEBES RESPONDER:

¿QUIÉN ESTÁ DETRÁS DE ESTE LIBRO?

Especialidades 625 es un equipo de pastores y siervos de distintos países, distintas denominaciones, distintos tamaños y estilos de iglesia que amamos a Cristo y a las nuevas generaciones.

ZONA DE CONTENIDO
PREMIUM

¿DE QUÉ SE TRATA E625.COM Y QUÉ ES EL SERVICIO PREMIUM?

Nuestra pasión es ayudar a las familias y a las iglesias en Iberoamérica a encontrar materiales de calidad y recursos para el discipulado de las nuevas generaciones. Por eso, existe e625.com que te sirve los 365 días del año con cientos recursos gratis.

Además, existe PREMIUM, nuestra zona de contenido a la que podes acceder con una suscripción como iglesia y/o ministerio para obtener más recursos espectaculares para usar con el liderazgo y las familias de tu iglesia local.

¿PUEDO EQUIPARME CON USTEDES?

Contamos con nuestro Instituto e625 Online, que ofrece diplomados para el ministerio generacional, cohortes pastorales certificadas y clínicas específicas con temas relevantes.

Para conocer nuestra propuestas de formación ministerial ingresa a: www.institutoe625.com

¡APRENDAMOS JUNTOS!